全国职业院校汽车类专业新形态工作手册式教材
全国技工院校汽车类专业工学一体化教材

汽车鉴定与评估

中德诺浩汽车职业教育研究院 组织编写
主编 吕丕华

中国劳动社会保障出版社

内容简介

本书是全国职业院校汽车类专业新形态工作手册式教材 / 全国技工院校汽车类专业工学一体化教材，由中德诺浩汽车职业教育研究院组织开发。全书共包含 2 个学习情境、16 个学习任务，内容涵盖选择目标二手车、二手车基本检查、二手车发动机舱检查、二手车驾驶舱及行李舱检查、二手车底盘检查、现场检测与车辆拍照、现场检测报告编写、二手车价格确定、二手车过户、客户沟通与价格评估等内容。

本书可作为全国职业院校与技工院校汽车类专业教学用书，也可作为汽车售后服务企业相关技术人员与社会人士培训参考用书。

本套教材由吕丕华主编，本书由温江杰编写。

图书在版编目（CIP）数据

汽车鉴定与评估 / 吕丕华主编. --北京：中国劳动社会保障出版社，2023

全国职业院校汽车类专业新形态工作手册式教材　全国技工院校汽车类专业工学一体化教材

ISBN 978-7-5167-6098-7

Ⅰ. ①汽…　Ⅱ. ①吕…　Ⅲ. ①汽车－鉴定－职业教育－教材②汽车－价格评估－职业教育－教材　Ⅳ. ①U472.9②F766

中国国家版本馆 CIP 数据核字（2023）第 196885 号

中国劳动社会保障出版社出版发行

（北京市惠新东街 1 号　邮政编码：100029）

*

北京市白帆印务有限公司印刷装订　　新华书店经销

880 毫米 ×1230 毫米　16 开本　9 印张　220 千字

2023 年 10 月第 1 版　　2023 年 10 月第 1 次印刷

定价：29.00 元

营销中心电话：400-606-6496

出版社网址：http://www.class.com.cn

http://jg.class.com.cn

当前，我国正在加快实施“中国制造 2025”计划，处于由制造大国向制造强国、由人力资源大国向人力资源强国发展的重要时期，党和国家为此制定了一系列科教兴国、人才强国的战略措施。

在人才队伍中，工作在生产一线的技能型人才是重要基础。高素质技能型人才队伍是推动经济社会发展的重要保障，职业教育是培养高素质技能型人才的主要渠道。尽管世界各国国情不同，发展职业教育的条件、政策和具体措施各异，但无论发达国家还是新兴工业化国家，均普遍重视职业教育在培养高素质技能型人才中的重要作用，把发展职业教育作为人力资源开发、振兴经济、增强国力的战略选择。

德国的职业教育水平处于世界领先地位。德国经济在世界金融危机中之所以依然稳健发展，与其因职业教育发达而拥有大量的高素质技能型人才是分不开的。完备的法律制度和各方面的高度重视，为德国的职业教育发展提供了有力保障。德国的双元制职业教育制度将劳动人事制度与教育制度有机地结合在一起。学校和企业都是培养人才的主体，并承担相应责任，学校和企业的教学计划、形式和内容虽各有侧重，但又相互联系，且均以工作任务为教学载体，将技能学习和训练、理论学习和运用有机结合，充分发挥学生在教学中的主体作用，着力培养学生承担社会责任的能力、独立发现和解决问题的能力、在实践中自主学习的能力。

改革开放以来，我国在借鉴国外先进职业教育经验方面取得了可喜成就。我国职业教育的对外交流与合作就是从借鉴和学习德国经验开始的，中德诺浩（北京）教育投资股份有限公司为此做了积极而有效的探索。

长期以来，该公司致力于引进德国的汽车职业教育资源，与德国手工业协会合作，在国内与以德国品牌为主的汽车合资企业和各类职业院校共同开展教育工作。经过多年的探索，结合我国国情，该公司成功地

引进德国汽车职业教育的课程体系、教学素材和教学方法，并结合互联网手段进行了全方位本土化，在此基础上与300多所职业院校联手，为我国汽车维修企业培养了大批优秀人才。与此同时，该公司组织中德两国的汽车技术专家、经验丰富的维修技师和职业教育专家，共同编写了职业院校汽车类专业新形态工作手册式教材。这套教材以培养高技能人才为目标，内容选自实际操作，既“原汁原味”地吸纳了德国经验，又结合我国实际情况充实了教学内容，推动我国汽车维修技能型人才的培养与世界接轨。我期待其在我国培养国际标准汽车高技能人才方面发挥出重要作用，在中国由汽车大国向汽车强国迈进的征程中做出应有的贡献。

唐天标

（本序作者系第十一届全国人大常委会委员、第十一届全国人大教科文卫委员会副主任委员，原中国人民解放军总政治部副主任，上将军衔）

前言

职业教育是国民教育体系和人力资源开发的重要组成部分，肩负着培养多样化人才、传承技术技能、促进就业创业的重要职责。随着新型工业化的推进和科学技术的发展，现代职业教育体系越来越成为国家竞争力的重要支撑。为贯彻落实全国职业教育大会精神，推动现代职业教育高质量发展，加快构建现代职业教育体系，建设技能型社会，弘扬工匠精神，培养更多高素质技术技能人才、能工巧匠、大国工匠，满足我国汽车产业迅猛发展对高端技术技能型汽车人才的需求，中德诺浩在总结多年来将德国汽车职业教育中国本土化经验的基础上，编写了这套职业院校汽车类专业新形态工作手册式教材。

本套教材将理论基础和实践应用有机结合，在引领学生学习汽车专业知识的同时培养学生实际操作技能，具有以下特点：

（1）以企业一线任务为引导，将理论知识与实践技能进行完美结合。

（2）集图、文、声、像于一体，为学生提供多种形式的学习素材。

（3）采用四色印刷，版面简洁清晰、主题明确、色彩清新。

（4）本套教材配有丰富的数字化教学资源，学生可通过扫描每本书专属的封面二维码进行浏览和自学。

本套教材由中德诺浩汽车职业教育研究院组织编写，编写方式充分发挥了学生的主体地位，优化了课堂设计，便于调动学生的学习积极性和主动性，还可培养学生的创新意识和创新能力。

本套教材是职业院校汽车类专业核心课程教材，同时也可供从事汽车研究、设计、制造、使用和维修的工程技术人员学习和参考。

由于时间紧、任务重，本书内容难免有不恰当和错误之处，敬请广大读者批评指正！

编者

2022 年 10 月

目录
CONTENTS

情境一

二手车技术状况鉴定

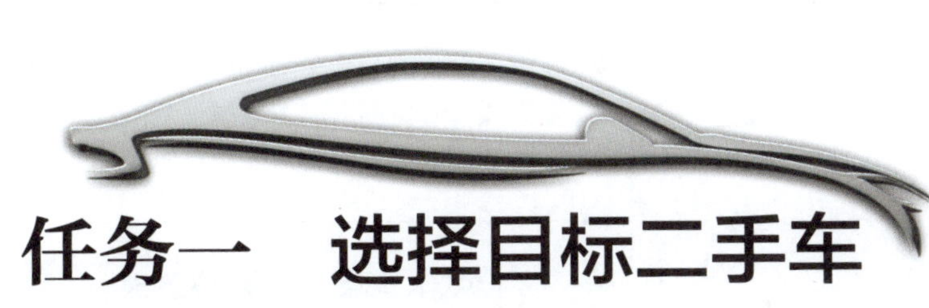

任务一　选择目标二手车

选择目标二手车任务工单					
客户信息	客户姓名		联系电话	评估日期	
车辆基本信息	厂牌		出厂日期	上牌日期	
	型号		VIN 码	车身颜色	
	强制险日期		凭证	□ 号牌　□ 行驶证　□ 登记证书　□ 保险单　□ 其他	

任务信息

选择目标二手车 □　　二手车基本检查 □　　二手车发动机舱检查 □

二手车驾驶舱及行李舱检查 □　　二手车底盘检查 □　　现场检测与车辆拍照 □

现场检测报告编写 □　　二手车价格确定 □　　二手车过户 □

客户沟通与价格评估 □

备注：

车辆外观检查

凹凸 □

划痕 □

石击 □

油漆 □

前保险杠　左前翼子板　发动机舱　右前翼子板　左前门　右前门　左后门　车顶　右后门　左后翼子板　右后翼子板　行李舱　后保险杠

车辆结构件检查

变形 □

扭曲 □

钣金 □

更换 □

1—左A柱　5—右B柱　9—左前减振器悬挂部位
2—左B柱　6—右C柱　10—右前减振器悬挂部位
3—左C柱　7—左纵梁　11—左后减振器悬挂部位
4—右A柱　8—右纵梁　12—右后减振器悬挂部位

明确具体工作任务

续表

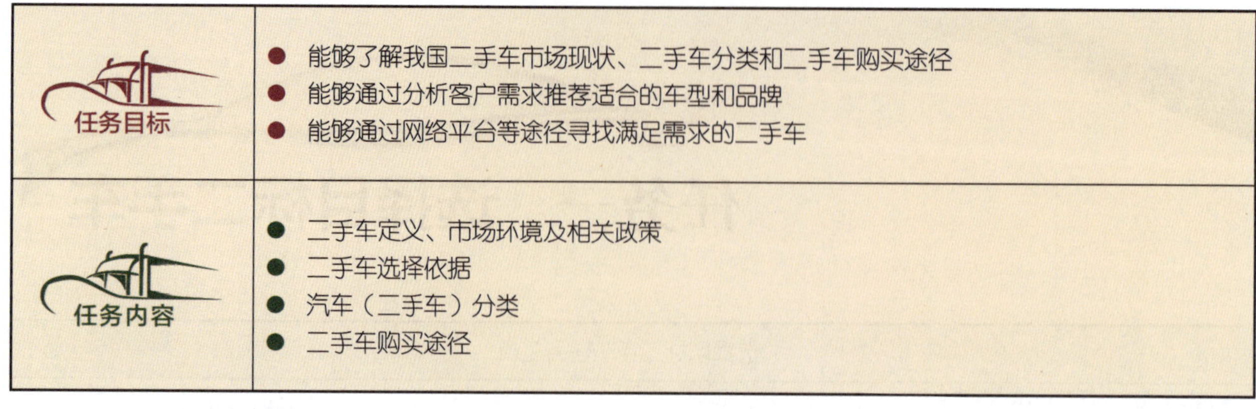

任务目标	● 能够了解我国二手车市场现状、二手车分类和二手车购买途径 ● 能够通过分析客户需求推荐适合的车型和品牌 ● 能够通过网络平台等途径寻找满足需求的二手车
任务内容	● 二手车定义、市场环境及相关政策 ● 二手车选择依据 ● 汽车（二手车）分类 ● 二手车购买途径

一、信息链接

（一）二手车定义

根据《二手车流通管理办法》，二手车是指从办理完注册登记手续到达到国家强制报废标准之前进行交易并转移所有权的汽车（包括三轮汽车、低速载货汽车，即原农用运输车）、挂车和摩托车。本书中的二手车专指汽车。

（二）二手车市场环境和政策导向

如图 1–1 所示，近几年我国二手车交易量快速增长，2016 年突破千万大关，2021 年更是达到了 1 758 万辆。根据公安部统计，截至 2022 年 3 月底，全国机动车保有量达 4.02 亿辆，其中汽车 3.07 亿辆，二手车市场发展潜力巨大。

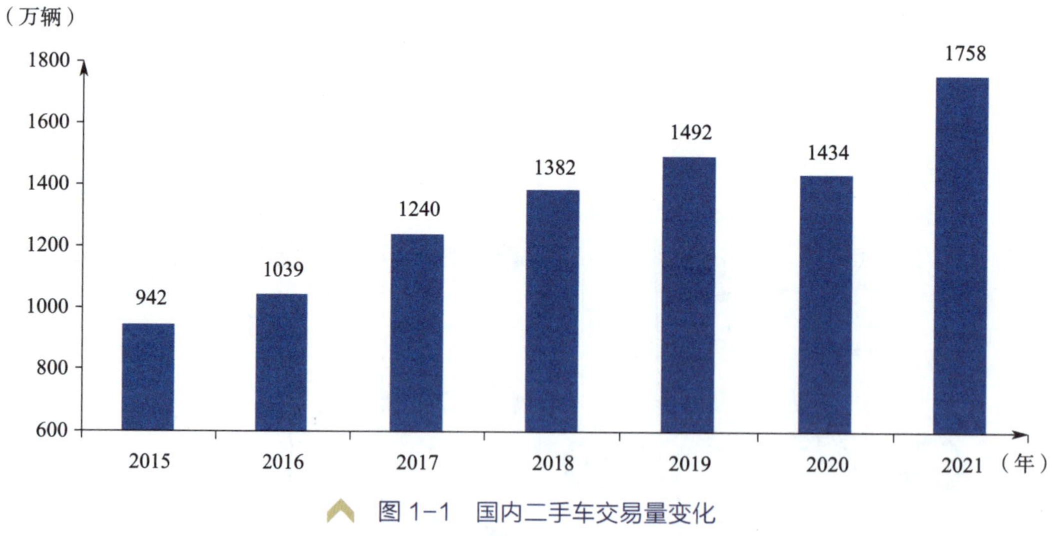

图 1–1　国内二手车交易量变化

跨区域选择二手车时需要注意当地的一些销售限制，主要包含两个方面：区域限制和排放限制。

根据中国汽车流通协会统计数据，2016 年年初，我国有约 95% 的地级市对二手车交易实施限迁政策。其中，执行国Ⅴ排放标准的城市为 18 个，执行国Ⅳ排放标准的城市多达 230 个，如图 1–2 所示。在有限迁政策的全国地级市中，执行国Ⅳ以上排放标准的城市数量已经超过 80%。

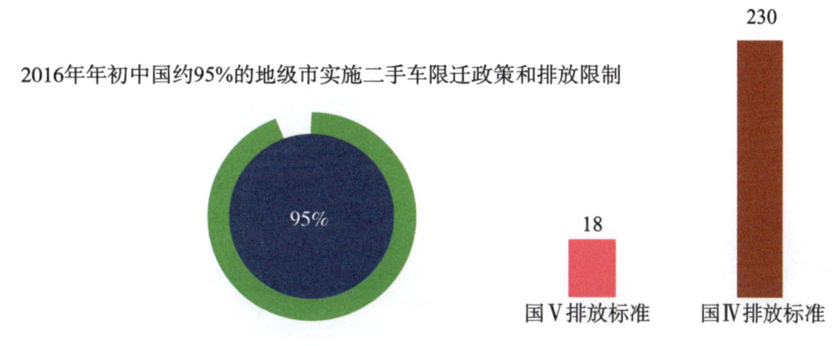

图 1-2 二手车限迁政策和排放限制

为营造一个自由流通的二手车市场环境，2016 年 3 月，国务院发布《关于促进二手车便利交易的若干意见》，截至 2017 年上半年，有 13 个省份的 135 个地级市发布了全面取消二手车限迁的相关文件。此外，商务部从 2022 年 8 月起已全面取消对符合国Ⅴ排放标准的小型非营运二手车限迁政策，并将加快修订《二手车流通管理办法》，推进二手车信息和信用体系建设，规范二手车交易秩序，促进二手车市场潜力进一步释放。预计未来几年我国的二手车市场将迎来比较大的增长空间。

虽然前景乐观，但是二手车市场依然存在着诸多问题。

（1）缺乏完备的法律法规依据。二手车交易过程、交易后续问题等缺少具体的法律法规约束，消费者切身利益受到损害时难以得到全面保护。

（2）缺乏公开透明的信息制度。少数二手车商家为追求利益最大化，瞒报各种车辆的真实信息（事故车、水淹车等），以假乱真、以次充好，严重干扰了市场秩序。

（3）缺乏科学的评估方法。由于没有消费者公认的第三方二手车评估机构，“经验估价”成了二手车价格评估的主要方法。

（4）缺乏契约精神。当前的二手车市场，消费者与商家，或消费者与消费者在进行二手车交易时很少签订合同，更多的是口头商定，一旦发生纠纷很难厘清责任。

（三）二手车选择依据

由于二手车具有较高的性价比，并能节省下车辆购置税，因此购买二手车已经成为很多购车客户的第一选择。在帮助客户选择二手车前，首先需要了解客户的购车用途和驾乘情况，然后结合客户购车预算，进行需求分析和车型推荐。如图 1-3 所示，客户购车用途和预算，分别对应车辆的类别和价格。

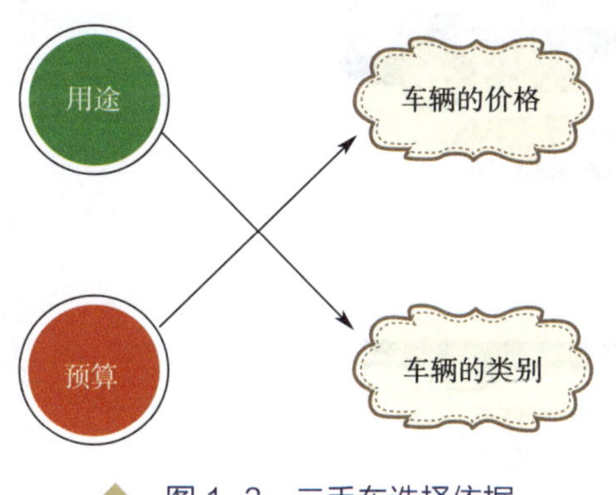

图 1-3 二手车选择依据

如图 1-4 所示，购买二手车的客户通常还比较关注以下几点。

（1）车辆后期使用成本。

（2）动力。

（3）舒适性。

（4）安全性。

（5）承载能力。

（6）使用空间。

（7）车辆负面信息。

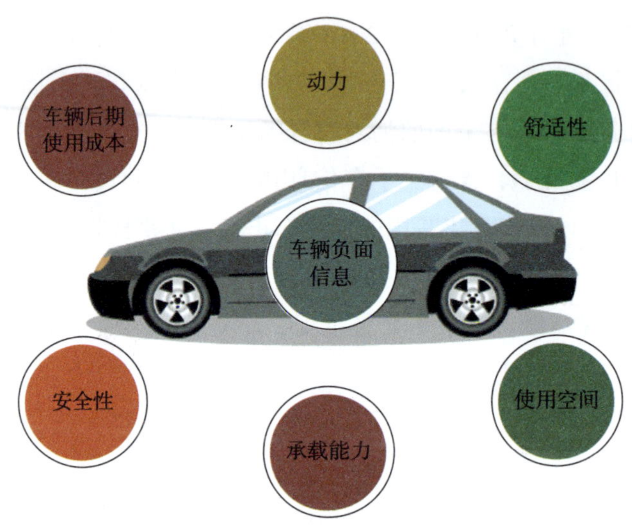

图 1-4　二手车客户关注点

（四）汽车（二手车）分类

狭义上汽车可分为乘用车和商用车两种，乘用车又可以分为基本乘用车（轿车）、多用途车（MPV）、运动型多用途车（SUV）和其他乘用车等，如图 1-5 所示。其中，MPV 是集轿车、旅行车和商务车于一身的车型，拥有良好的舒适性、较强的实用性和灵活的空间，典型的 MPV 有途安、奥德

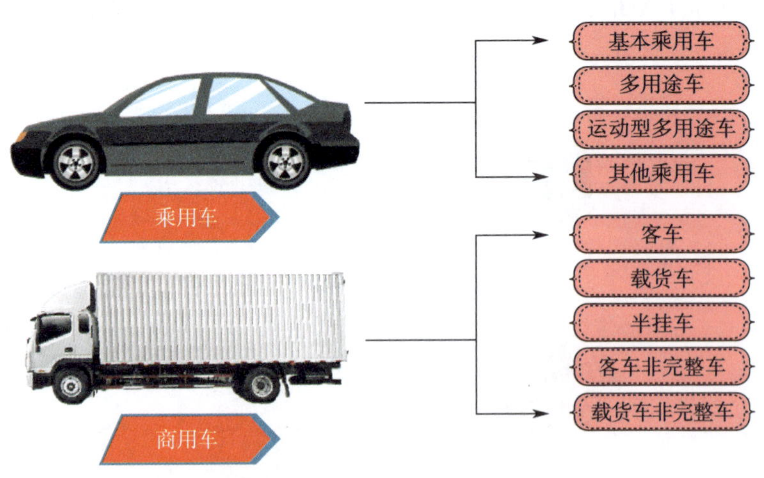

图 1-5　汽车分类

赛、GL8 等；SUV 俗称“越野车”，典型的 SUV 有哈弗 H6、途观、CR–V、汉兰达等，纯粹的硬派越野车如牧马人、跨界车如宝马 X6 等，也归属于 SUV。

基本乘用车通常可按级别和车辆结构进行分类。

1. 按级别分类

（1）微型车。微型车也被称为 A00 级车，排量在 1.0 L 左右。由于体积较小、油耗较低、价格便宜，所以适合代步。比较典型的微型车有奥拓、奇瑞 QQ、比亚迪 F0、smart 等。

（2）小型车。小型车也被称为 A0 级车，比较典型的小型车有 POLO、飞度、赛欧等。

（3）紧凑型车。紧凑型车也被称为 A 级车，比较典型的紧凑型车有高尔夫、科鲁兹、福克斯等。

（4）中型车。中型车也被称为 B 级车，比较典型的中型车有宝马 3 系、雅阁、奥迪 A4、奔驰 C 级等。

（5）中大型车。中大型车也被称为 C 级车，比较典型的中大型车有奥迪 A6L、奔驰 E 级、宝马 5 系、沃尔沃 S80L 等。

（6）豪华车。豪华车也被称为 D 级车。豪华车可以分为两种，一种是常见高端品牌的顶级车型，如奥迪 A8L、宝马 7 系、奔驰 S 级等；另外一种是豪华品牌的车型，如劳斯莱斯、宾利等。

（7）跑车。跑车一般为双门设计，车身较低、造型流畅，有着强烈的运动感，其车顶形式有硬顶、硬顶敞篷和软顶敞篷三种。常见的跑车既有追求高性能的豪华品牌，如兰博基尼、法拉利、迈凯伦等；也有价格适中的入门型，如宝马 Z4、奥迪 TT 等。

2. 按车辆结构分类

（1）两厢车。两厢车是把行李舱和驾驶舱合为一体的汽车，典型的两厢车有 POLO、高尔夫等。

（2）三厢车。大多数基本乘用车为三厢车，其车身由三个相互封闭、用途各异的“厢体”组成，分别为前部的发动机舱、中部的乘员舱和后部的行李舱，典型的三厢车有捷达、迈腾、奥迪 A6L 等。

（五）二手车购买途径

目前常见的二手车购买途径有以下 4 种。

1. 通过二手车经销商

通过当地的二手车经销商购买二手车是目前我国二手车成交量最大的一种方式。其优点是经销商有固定的经营场所，能得到较为可靠的售后服务，同时购车价格相对符合市场价格。

2. 通过专业二手车交易平台

目前比较流行的二手车交易平台有人人车、瓜子二手车、优信二手车等。买卖双方都能在平台上进行交易，平台负责检测车辆并保证车辆质量，客户只需要支付一定费用即可。

3. 通过熟人介绍

熟人之间通过介绍进行车辆的买卖，优点是比较容易了解车辆的状况，但缺点也比较明显，如熟人之间车辆价格容易受人情影响，往往卖方吃亏；在车辆后续使用过程中如出现老化和故障，容易造成双方误会；双方不了解交易流程，交易手续办理困难等。

4. 个人通过网络直接买卖

近年来二手车买卖双方借助网络途径直接进行交易的情况逐渐增多，如个人通过一些网站论坛或空间发布买卖信息等。

不论通过哪种方式购买二手车，最好都签订合同，并完整地办理过户手续，避免出现后续问题。

二、任务分配（见表 1-1）

每 5 人一组，每组推荐组长，组长对小组任务进行分配。组员按组长要求完成相关任务，并将自己在小组内的分工及个人任务内容填入表 1-1 中。

表 1-1　任务分配

任务	组长	人员分工	具体任务
根据不同客户需求选择合适车型			

三、任务实施

（一）实施 1

通过网络查找 5 个城市二手车迁移的标准和条件，并将结果填入表 1-2 中。

表 1-2　任务实施记录

序号	组员姓名	城市名称	二手车迁移标准和条件
1			
2			
3			
4			
5			

（二）实施 2

根据客户需求，利用网络平台选择推荐车型，并将结果填入表 1-3 中。

表 1-3　任务实施记录

序号	客户需求（任务要求）	备选车型	车型特点及需求对应分析
1	北京李女士（单身，上班族），购车需求：主要用于上下班代步、逛街，由于是新手，希望车辆好开、好停、好用、无故障，预算 5 万~6 万元，车龄小于 5 年		
		小组最终选择	

续表

序号	客户需求（任务要求）	备选车型	车型特点及需求对应分析
2	唐山王先生（已婚，经营一家旅行社），购车需求：主要用于短途出游和接送客户，希望车辆最少 7 座，大气、好用、无故障，购车预算 9 万～16 万元，车龄小于 3 年		
		小组最终选择	
3	雄安新区白女士（已婚，公司高管），购车需求：主要用于上下班代步和全家出游，爱好自驾游和轻度越野，希望车辆空间大，能满足全家短途出游需要，预算 20 万～25 万元，车龄小于 3 年		
		小组最终选择	
4	（组内自设客户需求，完成车辆选择）		
		小组最终选择	

（三）实施 3

完成表 1–4 中的任务，并记录。

表 1–4　任务实施记录

任务要求	最佳途径	理由
通过帮助客户寻找目标二手车，组内讨论寻找二手车的最佳途径是什么，为什么？		

四、相互展示

各小组轮流展示任务完成结果，学员根据各组完成情况分析存在的问题，并将结果填入表 1–5 中。

表 1–5　展示结果记录

组别	存在的问题

五、课堂小结

任务二　二手车基本检查（一）

<table>
<tr><td colspan="7">二手车基本检查任务工单——车辆识别代号与外观检查</td></tr>
<tr><td>客户信息</td><td>客户姓名</td><td></td><td>联系电话</td><td></td><td>评估日期</td><td></td></tr>
<tr><td rowspan="3">车辆基本信息</td><td>厂牌</td><td></td><td>出厂日期</td><td></td><td>上牌日期</td><td></td></tr>
<tr><td>型号</td><td></td><td>VIN 码</td><td></td><td>车身颜色</td><td></td></tr>
<tr><td>强制险日期</td><td></td><td>凭证</td><td colspan="3">□ 号牌　□ 行驶证　□ 登记证书　□ 保险单　□ 其他</td></tr>
<tr><td>任务信息</td><td colspan="6">选择目标二手车 □　二手车基本检查 □　二手车发动机舱检查 □
二手车驾驶舱及行李舱检查 □　二手车底盘检查 □　现场检测与车辆拍照 □
现场检测报告编写 □　二手车价格确定 □　二手车过户 □
客户沟通与价格评估 □
备注：</td></tr>
<tr><td colspan="3">车辆外观检查</td><td colspan="4">车辆结构件检查</td></tr>
<tr><td>凹凸 □
划痕 □
石击 □
油漆 □</td><td colspan="2">前保险杠
左前翼子板
发动机舱
右前翼子板
左前门
右前门
车顶
左后门
右后门
左后翼子板
右后翼子板
行李舱
后保险杠</td><td>变形 □
扭曲 □
钣金 □
更换 □</td><td colspan="3">1—左A柱　5—右B柱　9—左前减振器悬挂部位
2—左B柱　6—右C柱　10—右前减振器悬挂部位
3—左C柱　7—左纵梁　11—左后减振器悬挂部位
4—右A柱　8—右纵梁　12—右后减振器悬挂部位</td></tr>
<tr><td>明确具体工作任务</td><td colspan="6"></td></tr>
</table>

续表

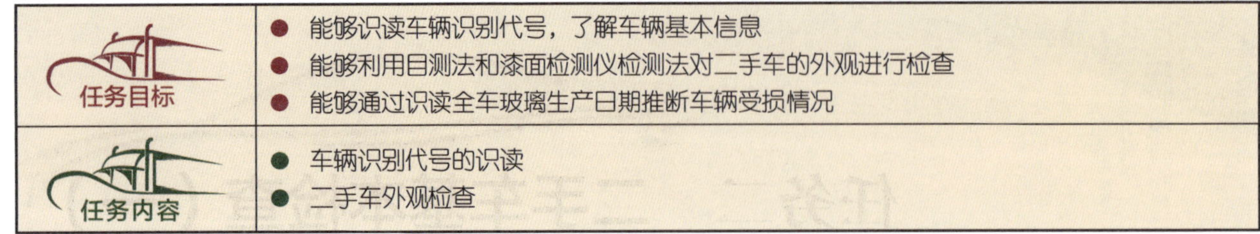

任务目标	● 能够识读车辆识别代号，了解车辆基本信息 ● 能够利用目测法和漆面检测仪检测法对二手车的外观进行检查 ● 能够通过识读全车玻璃生产日期推断车辆受损情况
任务内容	● 车辆识别代号的识读 ● 二手车外观检查

一、信息链接

（一）车辆识别代号的识读

如同每个中国公民都有一个唯一的身份证号，每辆汽车也都有一个车辆“身份证号”，叫作车辆识别代号，也叫 VIN 码、车架号。车辆识别代号由 17 位字符组成，包含了车辆的生产厂家、年份、车型、车身形式及组装地点等信息。车辆识别代号由阿拉伯数字和大写字母组成，但不采用字母 I、O、Q。

如图 2-1 所示，对于年产量大于或等于 1 000 辆的车辆，车辆识别代号由三部分组成：第一部分，世界制造厂识别代号（WMI）；第二部分，车辆说明部分（VDS）；第三部分，车辆指示部分（VIS）。

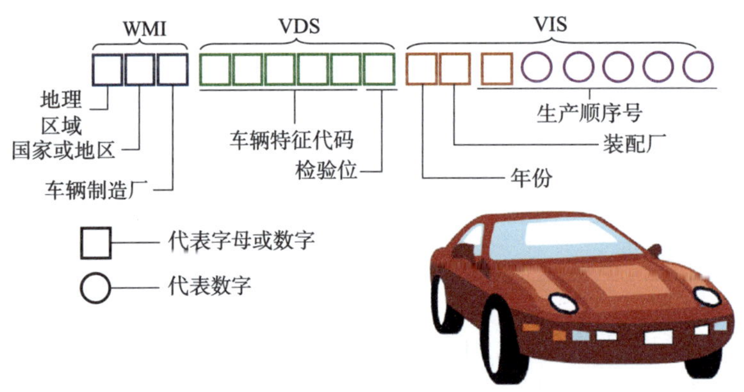

图 2-1　车辆识别代号的含义

二手车鉴定过程中最常用的是车辆识别代号的第一部分和第三部分的第一位。

1. 确认汽车生产国家及制造厂商

世界制造厂识别代号（WMI）用于标明汽车生产国家及制造厂商。常见汽车 WMI 首位字符含义见表 2-1。

表 2-1　常见汽车 WMI 首位字符含义

首位字符	国家	首位字符	国家	首位字符	国家
1、4、5	美国	2	加拿大	3	墨西哥
6	澳大利亚	9	巴西	J	日本
K	韩国	L	中国	W	德国
S	英国	V	法国	Y	瑞典
Z	意大利	T	捷克、瑞士	M	泰国

常见国产汽车 WMI 含义见表 2-2。

表 2-2 常见国产汽车 WMI 含义

WMI 代码	生产厂商	WMI 代码	生产厂商	WMI 代码	生产厂商
LSV	上海大众	LFV	一汽大众	LBV	华晨宝马
LGW	长城汽车	LHG	广州本田	LVG	广州丰田
LVS	长安福特	LS5	长安汽车	LSG	上海通用
LBE	北京现代	LFP	一汽轿车	LZW	通用五菱

2. 确认汽车生产年份

车辆识别代号的第三部分的第一位表示生产年份（欧规部分车型除外），通过识读该位代号就能确定车辆的生产年份。该位代号的具体含义见表 2-3（30 年循环一次）。

表 2-3 生产年份代号含义

年份	代号	年份	代号	年份	代号
2001	1	2011	B	2021	M
2002	2	2012	C	2022	N
2003	3	2013	D	2023	P
2004	4	2014	E	2024	R
2005	5	2015	F	2025	S
2006	6	2016	G	2026	T
2007	7	2017	H	2027	V
2008	8	2018	J	2028	W
2009	9	2019	K	2029	X
2010	A	2020	L	2030	Y

3. 车辆识别代号的位置

美国规定车辆识别代号的位置应在仪表盘左侧，欧盟规定应刻在车辆的产品标牌上。我国对车辆识别代号的位置规定如下。

（1）车辆应在产品标牌上标示车辆识别代号［L_1 类（若使用热力发动机，其气缸排量不超过 50 mL，且无论何种驱动形式，其最高设计车速不超过 50 km/h 的两轮车辆）、L_3 类（若使用热力发动机，其气缸排量超过 50 mL，或无论何种驱动形式，最高设计车速超过 50 km/h 的两轮车辆）车辆可除外］。

（2）车辆应至少有一个车辆识别代号直接打刻在车架（无车架的车辆为车身主要承载且不能拆卸的部件）能防止锈蚀、磨损的部位上。

（3）具有电子控制单元的汽车，其至少有一个电子控制单元应不可篡改地存储车辆识别代号。

（4）M_1 类（包括驾驶员座位在内，座位数不超过九座的载客车辆）、N_1 类（最大设计总质量不超过 3 500 kg 的载货车辆）车辆应在靠近风窗立柱的位置标示车辆识别代号，该车辆识别代号在白天不需移动任何部件从车外即能清晰识读。

常见乘用车车辆识别代号的位置如图 2–2 所示。

图 2–2　常见乘用车车辆识别代号位置

（二）二手车外观检查

1. 二手车外观检查的要点

二手车外观检查的目的是通过检查了解车辆修复情况，以判断车辆是否为事故车。二手车外观检查的要点如下。

（1）查看车辆车身、前照灯、尾灯及各车身覆盖件等是否有划痕、剐蹭、破损、掉漆等异常情况。

（2）查看车辆各个车门及行李舱盖是否能够正常开启。

（3）近距离观察车身各部件间接缝是否均匀、对称；观察贯穿车身、车门的腰线、棱线是否整齐等。

2. 二手车外观检查的常用方法

（1）目测法（见图 2–3）

图 2–3　目测法

在阳光照射下或使用手电筒照射汽车车身覆盖件，不同的漆面反光略有不同，据此可以判断出车辆是否经过喷漆修复。由于车身覆盖件材质不同，不同材质在正常使用过程中褪色程度是不一致的，所以比较漆面通常是在相同材质之间进行。

（2）漆面检测仪检测法（见图 2–4）

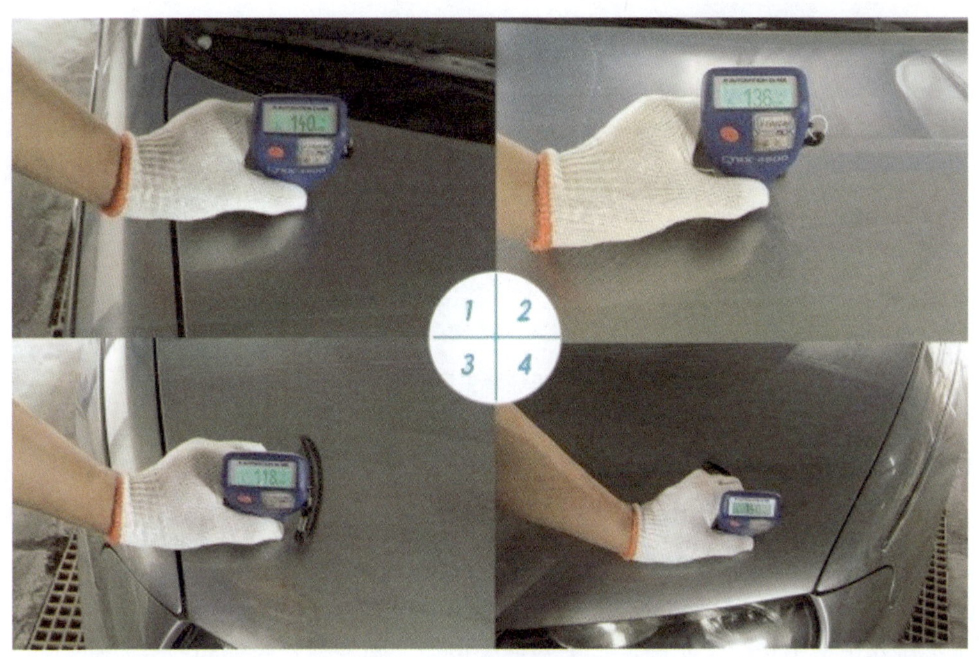

图 2–4　漆面检测仪检测法

新车的漆面都是在流水线无尘车间自动逐层喷涂的，因此漆面与车体金属板之间的厚度会很均匀，而车辆局部受损后人工喷涂的油漆，很难做到与原厂喷漆的厚度相当。如果车辆经过钣金等修复，还要涂抹腻子等，漆面与车体金属板之间的厚度会更大。漆面检测仪是检测车体漆层厚度的仪器，通过测量漆面与车体金属板之间的厚度，可以判断车辆是否经过喷漆或者钣金修复。

检测漆层厚度通常选择多点进行测量，然后进行对比分析。例如检测发动机舱盖，需要在发动机舱盖的四角多点检测，如果漆层厚度都在基数范围内，说明该车发动机舱盖没有进行过喷漆或者钣金修复。

在检测中，一般以汽车车顶漆层厚度作为基准，如果其他部位数值明显高于基准数值，则可以判定车辆该部位进行过喷漆或者钣金修复，此时就要进一步确认该处发生的事故类型，判断是否为事故车。

3. 二手车车身覆盖件的检查

需要进行检查的二手车车身覆盖件主要有左前翼子板、左后翼子板、右前翼子板、右后翼子板、左前车门、左后车门、右前车门、右后车门、发动机舱盖、行李舱盖、前保险杠和后保险杠等，主要检查内容包括是否为原车漆，是否有可见伤，是否经过轻微划痕修复、喷漆修复和钣金修复，是否更换过覆盖件等。

4. 二手车玻璃的检查

基于车辆下线规则，车上所有零部件的生产日期都在整车生产日期之前。汽车玻璃作为易碎件，在车辆碰撞事故中受损必须更换，因此通过对比玻璃生产日期和车辆生产日期，可鉴定出该玻璃是否

更换过（拆车件除外）。如确认玻璃更换过，则要重点检查该车是否发生过较大事故。

常见的汽车玻璃生产日期标示方式有两种。第一种（比较常用）为数字 + 圆点的形式，圆点可以在数字的前方，也可以在数字的后方，如图 2–5 所示。

图 2–5　汽车玻璃生产日期标示方法一

读取方法：年份，直接读取数字；月份，圆点在数字前方为上半年，用 7 减去圆点数即为生产月份，圆点在数字后方为下半年，用 13 减去圆点数即为生产月份。

根据上述方法，可以看出图 2–5 中的玻璃生产日期数字为 7，代表 2017 年（或者 2007 年），前面 5 个点，那它应该是 2017 年（或者 2007 年）2 月份生产的玻璃。

第二种（少量在用）为数字 + 小圆点 + 大圆点的形式，圆点都在数字的后方，如图 2–6 所示。

图 2–6　汽车玻璃生产日期标示方法二

读取方法：数字代表年份；小圆点代表季度，一年一共有 4 个季度，小圆点最多有 4 个；大圆点代表季度对应的月份，一个季度为 3 个月，大圆点最多有 3 个。

根据上述方法，可以看出图 2–6 中玻璃生产日期数字为 6，代表 2016 年（或者 2006 年），后面有 4 个小圆点，3 个大圆点，代表第 4 个季度的第 3 个月，那它应该是 2016 年（或者 2006 年）12 月份生产的玻璃。

除了查看玻璃生产日期，还可以通过观看汽车玻璃拼接处密封胶的状态来确定玻璃是否更换过。原厂汽车玻璃的密封胶很规整（流水线机械作业），后期更换为人工作业，不可能和原厂完全相同，会出现凹凸不平的情况。此方法也适用于部分进口玻璃不标示生产日期的情况。

二、任务准备

在下列图片中勾选出完成本次任务所需的物品。

 笔记本电脑	 读卡器	 冰点测试仪
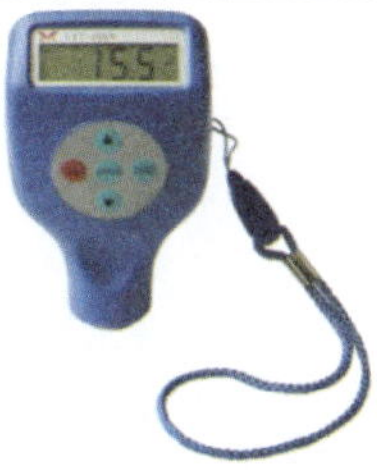 漆面检测仪	 举升机	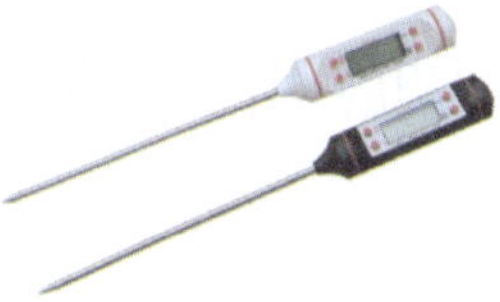 汽车空调温度计
 手电筒	 通用诊断仪	 相机
 制动液测试仪	 蓄电池检测仪	 实训车辆
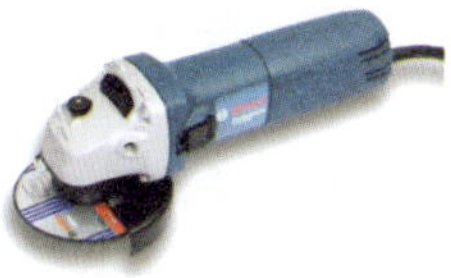 手持砂轮机	 号牌螺栓	 桌牌

三、防护措施

（1）进入车间应穿工鞋、戴工帽；工作服应整齐，无破损；操作时不可佩戴手表等金属饰品，以防划伤车辆表面。

（2）检查发动机舱或冷凝器时，应关闭点火开关并确保散热风扇已停止运转。

（3）启动发动机前，一定要检查发动机舱有无异常并通知其他人。

（4）进行车辆电器系统检查时，注意不可长时间开启电器，以免蓄电池过度消耗。

四、任务分配

每 5 人一组，每组推荐组长，组长对小组任务进行分配。组员按组长要求完成相关任务，并将自己在小组内的分工及个人任务内容填入表 2–4 中。

表 2–4　任务分配

<table>
<tr><th>任务</th><th>组长</th><th>人员分工</th><th>具体任务</th></tr>
<tr><td rowspan="5">识读车辆识别代号
并检查汽车外观</td><td rowspan="5"></td><td></td><td></td></tr>
<tr><td></td><td></td></tr>
<tr><td></td><td></td></tr>
<tr><td></td><td></td></tr>
<tr><td></td><td></td></tr>
</table>

五、任务实施

根据实训车辆情况，识读车辆识别代号并检查汽车外观，将检查结果填入表 2–5 中。

表 2–5　二手车基本情况检查

<table>
<tr><td rowspan="2">核对凭证</td><td>证件</td><td colspan="6">□ 原始发票　□ 登记证书　□ 行驶证　□ 法人代码或身份证　□ 其他</td></tr>
<tr><td>税费</td><td colspan="6">□ 购置税　□ 车船税　□ 保险费　□ 其他</td></tr>
<tr><td rowspan="5">检查车辆
情况</td><td>厂牌型号</td><td></td><td>车牌号</td><td></td><td colspan="2">使用用途</td><td></td></tr>
<tr><td>车架号</td><td colspan="3"></td><td colspan="2">发动机号</td><td></td></tr>
<tr><td>座位 / 排量</td><td colspan="3"></td><td colspan="2">燃料种类</td><td></td></tr>
<tr><td>车辆出厂日期</td><td colspan="3"></td><td colspan="2">车身颜色</td><td></td></tr>
<tr><td>已使用年限</td><td>年　　月</td><td colspan="3">累计行驶里程（万千米）</td><td colspan="2"></td></tr>
</table>

续表

<table>
<tr><th>检查项目</th><th>检查内容</th><th>检查结果</th><th>检查内容</th><th>检查结果</th></tr>
<tr><td rowspan="15">车身覆盖件基本检查</td><td>发动机舱盖</td><td></td><td>左前车门</td><td></td></tr>
<tr><td>左前翼子板</td><td></td><td>右前车门</td><td></td></tr>
<tr><td>左后翼子板</td><td></td><td>左后车门</td><td></td></tr>
<tr><td>右前翼子板</td><td></td><td>右后车门</td><td></td></tr>
<tr><td>右后翼子板</td><td></td><td>行李舱盖</td><td></td></tr>
<tr><td>车顶左</td><td></td><td>车顶右</td><td></td></tr>
<tr><td>左 A 柱</td><td></td><td>左 B 柱</td><td></td></tr>
<tr><td>右 A 柱</td><td></td><td>右 B 柱</td><td></td></tr>
<tr><td>左 C 柱</td><td></td><td rowspan="2">门框下边梁</td><td rowspan="2"></td></tr>
<tr><td>右 C 柱</td><td></td></tr>
<tr><td rowspan="2">前保险杠</td><td rowspan="2"></td><td>左前照灯</td><td></td></tr>
<tr><td>右前照灯</td><td></td></tr>
<tr><td rowspan="2">后保险杠</td><td rowspan="2"></td><td>左尾灯</td><td></td></tr>
<tr><td>右尾灯</td><td></td></tr>
<tr><td colspan="4">备注：</td></tr>
</table>

六、相互展示

各小组轮流展示任务完成结果，学员根据各组完成情况分析存在的问题，并将结果填入表 2-6 中。

表 2-6　展示结果记录

组别	存在的问题

七、课堂小结

任务三　二手车基本检查（二）

<table>
<tr><td colspan="6">二手车基本检查任务工单——车辆漆面与车窗玻璃检查</td></tr>
<tr><td>客户信息</td><td>客户姓名</td><td></td><td>联系电话</td><td></td><td>评估日期</td><td></td></tr>
<tr><td rowspan="3">车辆基本信息</td><td>厂牌</td><td></td><td>出厂日期</td><td></td><td>上牌日期</td><td></td></tr>
<tr><td>型号</td><td></td><td>VIN 码</td><td></td><td>车身颜色</td><td></td></tr>
<tr><td>强制险日期</td><td></td><td>凭证</td><td colspan="3">□ 号牌　□ 行驶证　□ 登记证书　□ 保险单　□ 其他</td></tr>
<tr><td>任务信息</td><td colspan="6">选择目标二手车 □　二手车基本检查 □　二手车发动机舱检查 □
二手车驾驶舱及行李舱检查 □　二手车底盘检查 □　现场检测与车辆拍照 □
现场检测报告编写 □　二手车价格确定 □　二手车过户 □
客户沟通与价格评估 □
备注：</td></tr>
<tr><td colspan="3">车辆外观检查</td><td colspan="4">车辆结构件检查</td></tr>
<tr><td>凹凸 □
划痕 □
石击 □
油漆 □</td><td colspan="2">前保险杠
左前翼子板　发动机舱　右前翼子板
左前门　右前门
左后门　车顶　右后门
左后翼子板　右后翼子板
行李舱
后保险杠</td><td>变形 □
扭曲 □
钣金 □
更换 □</td><td colspan="3">1—左A柱　5—右B柱　9—左前减振器悬挂部位
2—左B柱　6—右C柱　10—右前减振器悬挂部位
3—左C柱　7—左纵梁　11—左后减振器悬挂部位
4—右A柱　8—右纵梁　12—右后减振器悬挂部位</td></tr>
<tr><td>明确具体工作任务</td><td colspan="6"></td></tr>
</table>

续表

 任务目标	● 能够识读车辆识别代号，了解车辆基本信息 ● 能够利用目测法和漆面检测仪检测法对二手车的外观进行检查 ● 能够通过识读全车玻璃生产日期推断车辆受损情况
 任务内容	● 车辆识别代号的识读 ● 二手车外观检查

一、任务准备

在下列图片中勾选出完成本次任务所需的物品。

笔记本电脑	读卡器	冰点测试仪
漆面检测仪	举升机	汽车空调温度计
手电筒	通用诊断仪	相机
制动液测试仪	蓄电池检测仪	实训车辆

手持砂轮机	号牌螺栓	桌牌

二、防护措施

（1）进入车间应穿工鞋、戴工帽；工作服应整齐，无破损；操作时不可佩戴手表等金属饰品，以防划伤车辆表面。

（2）检查发动机舱或冷凝器时，应关闭点火开关并确保散热风扇已停止运转。

（3）启动发动机前，一定要检查发动机舱有无异常并通知其他人。

（4）进行车辆电器系统检查时，注意不可长时间开启电器，以免蓄电池过度消耗。

三、任务分配

每 5 人一组，每组推荐组长，组长对小组任务进行分配。组员按组长要求完成相关任务，并将自己在小组内的分工及个人任务内容填入表 3-1 中。

表 3-1　任务分配

任务	组长	人员分工	具体任务
检查车辆漆面与车窗玻璃			

四、任务实施

（一）实施 1

根据实训车辆情况，检查车窗玻璃，将检查结果填入表 3-2 中。

表 3-2　任务实施记录

<table>
<tr><td rowspan="2">核对凭证</td><td>证件</td><td colspan="4">□ 原始发票　□ 登记证书　□ 行驶证　□ 法人代码或身份证　□ 其他</td></tr>
<tr><td>税费</td><td colspan="4">□ 购置税　□ 车船税　□ 保险费　□ 其他</td></tr>
<tr><td rowspan="5">检查车辆情况</td><td>厂牌型号</td><td></td><td>车牌号</td><td>使用用途</td><td></td></tr>
<tr><td>车架号</td><td colspan="2"></td><td>发动机号</td><td></td></tr>
<tr><td>座位／排量</td><td colspan="2"></td><td>燃料种类</td><td></td></tr>
<tr><td>车辆出厂日期</td><td colspan="2"></td><td>车身颜色</td><td></td></tr>
<tr><td>已使用年限</td><td>年　月</td><td colspan="2">累计行驶里程（万千米）</td><td></td></tr>
<tr><td>检查项目</td><td>检查内容</td><td>检查结果</td><td>检查内容</td><td colspan="2">检查结果</td></tr>
<tr><td rowspan="8">玻璃检查</td><td></td><td>生产日期</td><td>是否有破损、更换</td><td colspan="2">检查结果</td></tr>
<tr><td>前风窗玻璃</td><td></td><td></td><td colspan="2"></td></tr>
<tr><td>后风窗玻璃</td><td></td><td></td><td colspan="2"></td></tr>
<tr><td>左前门风窗玻璃</td><td></td><td></td><td colspan="2"></td></tr>
<tr><td>右前门风窗玻璃</td><td></td><td></td><td colspan="2"></td></tr>
<tr><td>左后门风窗玻璃</td><td></td><td></td><td colspan="2"></td></tr>
<tr><td>右后门风窗玻璃</td><td></td><td></td><td colspan="2"></td></tr>
<tr><td colspan="5">备注：</td></tr>
</table>

（二）实施 2

使用漆面检测仪检测实训车辆漆面情况，并将测量结果填入表 3-3 中。

表 3-3　任务实施记录

任务内容	测量点	结果及分析
使用漆面检测仪检测车辆漆面情况		

五、相互展示

各小组轮流展示任务完成结果，学员根据各组完成情况分析存在的问题，并将结果填入表 3-4 中。

表 3-4　展示结果记录

组别	存在的问题

六、课堂小结

任务四　二手车发动机舱检查（一）

<table>
<tr><td colspan="6">二手车发动机舱检查任务工单——发动机舱零部件及油液检查</td></tr>
<tr><td>客户信息</td><td>客户姓名</td><td></td><td>联系电话</td><td></td><td>评估日期</td><td></td></tr>
<tr><td rowspan="3">车辆基本信息</td><td>厂牌</td><td></td><td>出厂日期</td><td></td><td>上牌日期</td><td></td></tr>
<tr><td>型号</td><td></td><td>VIN 码</td><td></td><td>车身颜色</td><td></td></tr>
<tr><td>强制险日期</td><td></td><td>凭证</td><td colspan="3">□ 号牌　□ 行驶证　□ 登记证书　□ 保险单　□ 其他</td></tr>
<tr><td>任务信息</td><td colspan="6">选择目标二手车 □　二手车基本检查 □　二手车发动机舱检查 □
二手车驾驶舱及行李舱检查 □　二手车底盘检查 □　现场检测与车辆拍照 □
现场检测报告编写 □　二手车价格确定 □　二手车过户 □
客户沟通与价格评估 □
备注：</td></tr>
<tr><td colspan="3">车辆外观检查</td><td colspan="4">车辆结构件检查</td></tr>
<tr><td>凹凸 □
划痕 □
石击 □
油漆 □</td><td colspan="2"></td><td>变形 □
扭曲 □
钣金 □
更换 □</td><td colspan="3">1—左A柱　5—右B柱　9—左前减振器悬挂部位
2—左B柱　6—右C柱　10—右前减振器悬挂部位
3—左C柱　7—左纵梁　11—左后减振器悬挂部位
4—右A柱　8—右纵梁　12—右后减振器悬挂部位</td></tr>
<tr><td>明确具体工作任务</td><td colspan="6"></td></tr>
</table>

续表

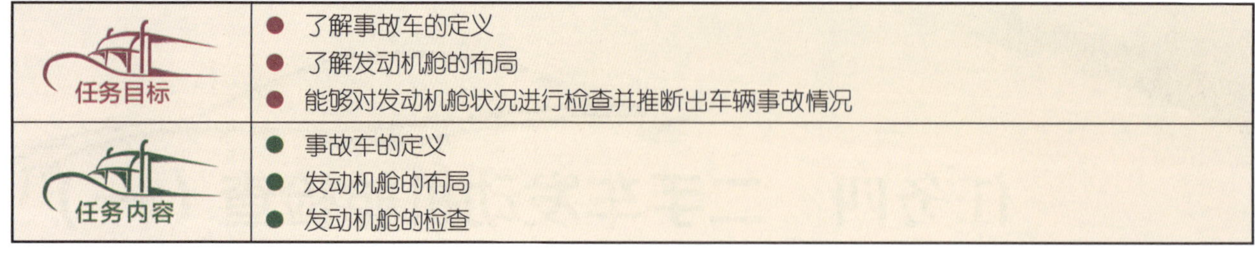

任务目标	● 了解事故车的定义 ● 了解发动机舱的布局 ● 能够对发动机舱状况进行检查并推断出车辆事故情况
任务内容	● 事故车的定义 ● 发动机舱的布局 ● 发动机舱的检查

一、信息链接

（一）事故车的定义

在二手车鉴定领域，一般认为符合以下情形中的任何一条，即为事故车。

（1）经过撞击损伤到发动机舱和驾驶舱的车辆。

（2）车身后翼子板撞击损伤超过三分之一的车辆。

（3）纵梁有焊接、切割、整形、变形的车辆。

（4）减振器安装座有焊接、切割、整形、变形的车辆。

（5）A 柱、B 柱、C 柱有焊接、切割、整形、变形的车辆。

（6）因撞击造成汽车安全气囊弹出的车辆。

（7）其他不可拆卸部分有严重的焊接、切割、整形、变形的车辆。

（8）超过车身二分之一经水浸泡或积水进入驾驶舱的车辆。

（9）车身经火焚烧超过 0.5 m^2，经修复仍存在安全隐患的车辆。

（二）发动机舱的布局

一般而言，车辆前部发生撞击事故不仅概率较大，而且危害也较大，一旦发生严重撞击，不仅会损伤发动机等部件，对车身骨架也会造成不同程度的影响。因此，进行二手车鉴定要重点检查发动机舱。

常见乘用车的发动机舱如图 4–1 和图 4–2 所示，它主要由发动机舱盖、翼子板、散热器框架、前照灯、冷凝器、散热风扇、前纵梁、发动机、发电机、蓄电池、ABS 等组成。另外，很多汽车常用油

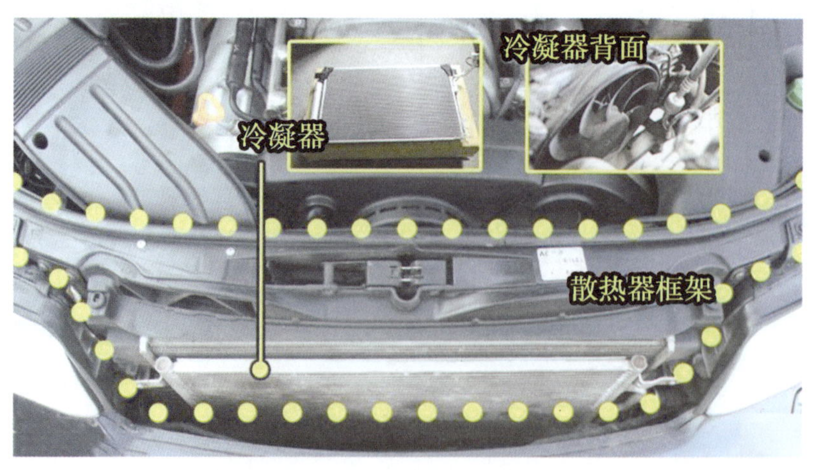

图 4–1　常见乘用车车辆前部

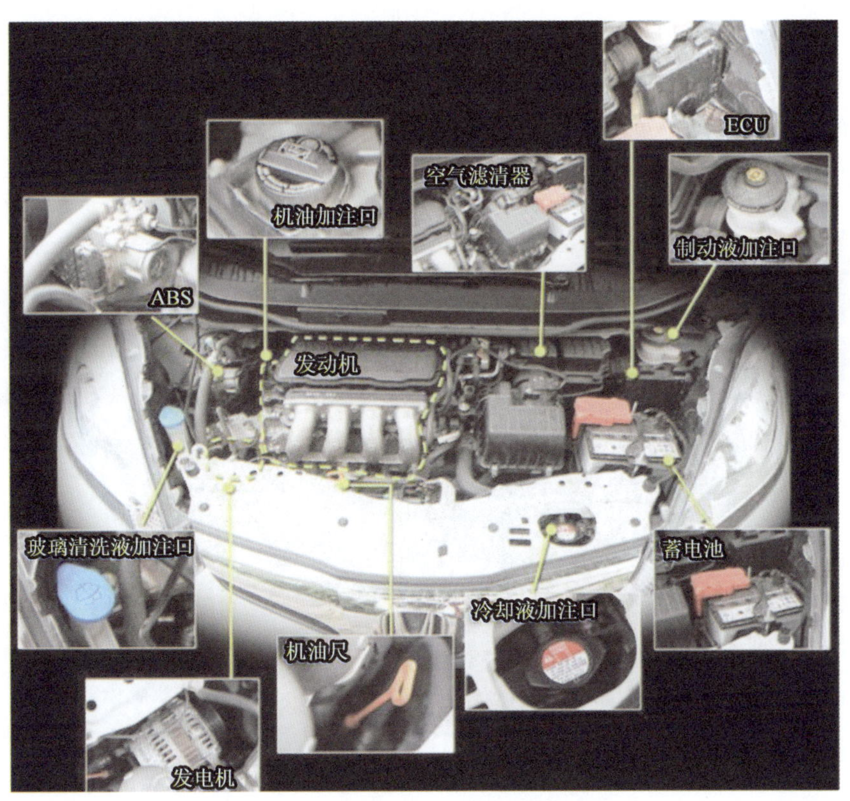

图 4-2 常见乘用车发动机舱布局

液加注口也在发动机舱内，如机油加注口、制动液加注口、冷却液加注口、玻璃清洗液加注口（部分车型上还有转向助力油加注口）等。

（三）发动机舱的检查

通常发动机舱的检查顺序如下：首先观察发动机舱的整洁度，然后检查发动机舱盖、前翼子板、散热器框架、前照灯、减振器安装座和前纵梁，最后检查发动机和各种油液情况。

1. 观察发动机舱整洁度（见图 4-3）

图 4-3 观察发动机舱整洁度

发动机舱有少量灰尘和油迹属于正常情况，灰尘太多可能是车主用车强度大且不注意保养，这类车一般磨损较严重，后期需重点查看各种油液情况。如发动机舱特别干净就有可能是卖方刻意清洗来掩饰汽车存在的问题（如漏油严重或者更换过新件）。

2. 发动机舱盖的检查（见图 4-4）

图 4-4　检查发动机舱盖

（1）检查发动机舱盖固定螺栓是否经过拆装。如果发动机舱盖固定螺栓存在拆装痕迹，发动机舱盖就很有可能经历过更换、喷漆或钣金修复。判断螺栓是否拆装过一般通过观察拧动痕迹或垫片移位情况。

汽车固定螺栓一般分为车身覆盖件固定螺栓和普通固定螺栓两种。发动机舱盖固定螺栓属于车身覆盖件固定螺栓，这类螺栓与车身一起经过了电泳、喷涂等工序，所以都带有原车漆，如图 4-5 和图 4-6 所示。

图 4-5　车身下线喷漆过程

图 4-6 正常螺栓漆面

正常情况下这类螺栓应该漆面完好，没有拧动痕迹。如果发现漆面损坏，那就说明该螺栓被拆装过，如图 4–7 所示。

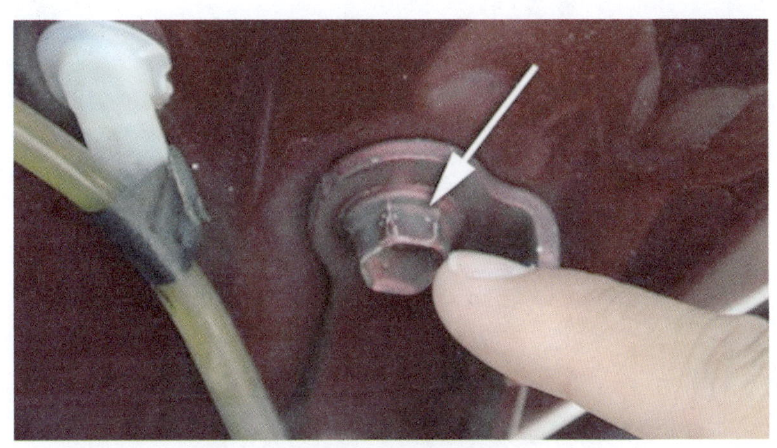

图 4-7 拆装过的螺栓漆面

普通固定螺栓（如前照灯固定螺栓）都是在车身下线过程中安装的，所以新车的这类螺栓也有轻微的拧动痕迹，但如果发现该类螺栓拧动痕迹较大且拧紧和旋松双向都有痕迹，那就说明螺栓被拆装过。

汽车固定螺栓下面一般都会有垫片，螺栓拧动后，螺栓与垫片之间、垫片与车体之间都会发生位置改变，通过观察相应位置变化痕迹也可以判断螺栓是否被拆装过，如图 4–8 所示。

（2）检查发动机舱盖边缘有无明显的弯曲不对称现象，是否有喷漆衔接的痕迹，如图 4–9 所示。

（3）检查发动机舱盖隔音布边缘有无拆装的痕迹，如图 4–10 所示。

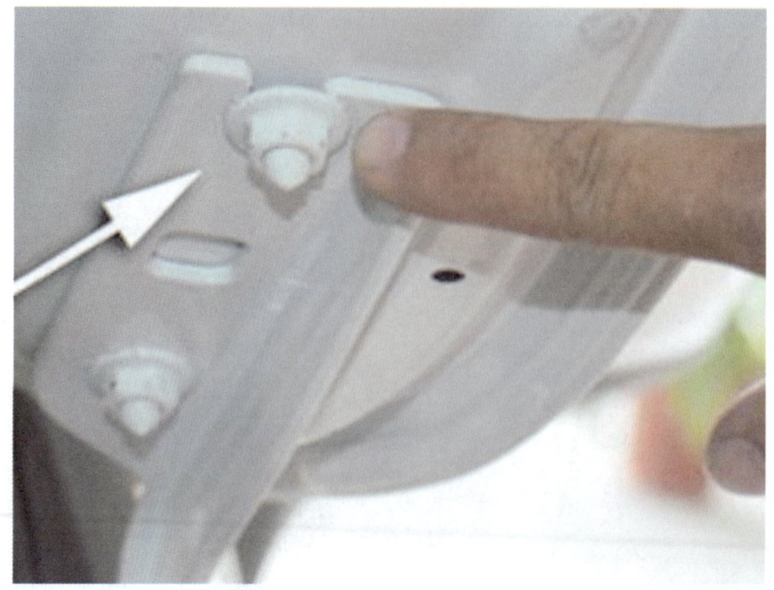

图 4-8 检查螺栓垫片移位情况

图 4-9 检查发动机舱盖边缘

图 4-10 检查发动机舱盖隔音布边缘

（4）检查发动机舱盖漆面、密封胶以及发动机舱盖锁扣（见图 4-11）的情况。检查密封胶是否和原厂胶条一样整齐规则，经过修整的密封胶一般呈不规则状（胶面有刷子刷过的痕迹且凹凸不平）。

图 4-11 检查发动机舱盖锁扣

3. 前翼子板的检查（见图 4-12）

图 4-12 检查前翼子板

首先使用漆面检测仪测量翼子板漆面厚度，查看翼子板边缘的油漆是否有分层，触摸翼子板漆面是否有粗糙感以确认翼子板是否经过喷漆修复。然后查看翼子板固定螺栓是否有拧动和移位痕迹，如果翼子板经过重新喷漆且螺栓有拆装痕迹，则说明车辆事故已经造成翼子板损坏或更换过（轻微事故中翼子板不用拆下即可喷漆修复）。

4. 散热器框架的检查（见图 4-13）

图 4-13　检查散热器框架

散热器框架在发动机舱的靠前位置，发生交通事故后很容易变形。检查散热器框架的顺序如下：首先查看原厂标签情况，如果原厂标签缺失或者标签歪曲，说明散热器框架可能更换过；其次通过观察棱角、筋线走向是否顺滑，可以判断是否经过钣金修复；再次观察散热器框架与翼子板内衬连接处的螺栓是否有拆装痕迹，如有则说明车辆可能发生过事故，拆装过散热器框架；最后观察散热器框架上的焊接点（正常散热器框架焊接点如图 4-14 所示），如果焊接点失圆或大小不一、粗糙不光滑、排列不规则，说明散热器框架经焊接修复过。

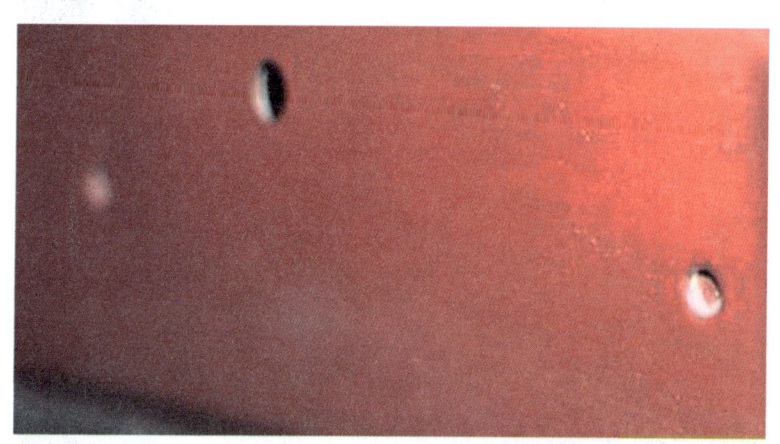

图 4-14　正常散热器框架焊接点

5. 前照灯的检查

检查前照灯主要是检查前照灯是否更换、改装过。当前，汽车前照灯的改装、更换很普遍，因此此项检查仅作为判断是否为事故车的辅助依据。

（1）查看前照灯生产日期。如图 4-15 所示，前照灯的生产日期有三种标注方式。通过比对前照灯生产日期和车辆生产日期，即可判断出前照灯是否更换过，如前照灯生产日期早于车辆生产日期一般即为原车前照灯。

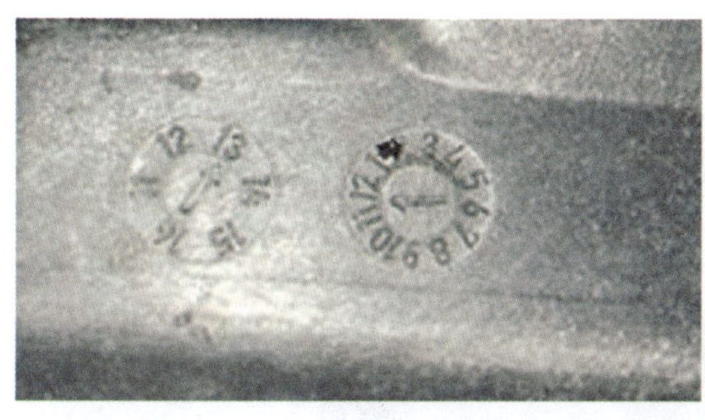

图 4-15　前照灯生产日期标注方式

（2）通过观察前照灯固定螺栓（见图 4-16）的拆装痕迹，也可以判断出前照灯是否经过拆装。

图 4-16　前照灯固定螺栓

6. 减振器安装座的检查（见图 4-17）

检查减振器安装座主要是检查其是否有变形、重新喷漆痕迹，是否使用的是原厂胶，螺栓是否有拆装痕迹等。如果事故已经伤及减振器安装座，应属于严重撞击事故。

图 4-17　检查减振器安装座

7. 前纵梁的检查

汽车前纵梁（见图 4-18）的作用是吸收车辆正面碰撞的能量，虽然大部分车型已经装配了前防撞梁，但是在发生严重撞击时，真正起到保护作用的还是前纵梁，由此可见前纵梁的完整度关乎整个车辆的安全性。

图 4-18　车辆前纵梁的位置

由于前纵梁在发动机舱的中下端，在检查时，如果发现前纵梁有明显褶皱或者经钣金修复后的痕迹，那么此车很可能出现过碰撞事故。如果褶皱不明显，可以对比观察前纵梁两侧的漆面是否一致（可以通过举升车辆后从底部观察，如图 4–19 所示），如果两侧漆面不一致或者已经脱落，说明车辆可能受到过撞击。

图 4-19　检查前纵梁

8. 发动机的检查

发动机检查分静态检查和动态检查两部分。静态检查主要是检查发动机的固定螺栓，如发动机悬置固定螺栓（见图 4–20）、气门室罩盖固定螺栓等是否有拆装痕迹，发动机周边油漆是否有刮痕等。另外还要检查气门室罩盖、发动机前端、发动机后端、变速器等部位是否有漏油、渗油现象。

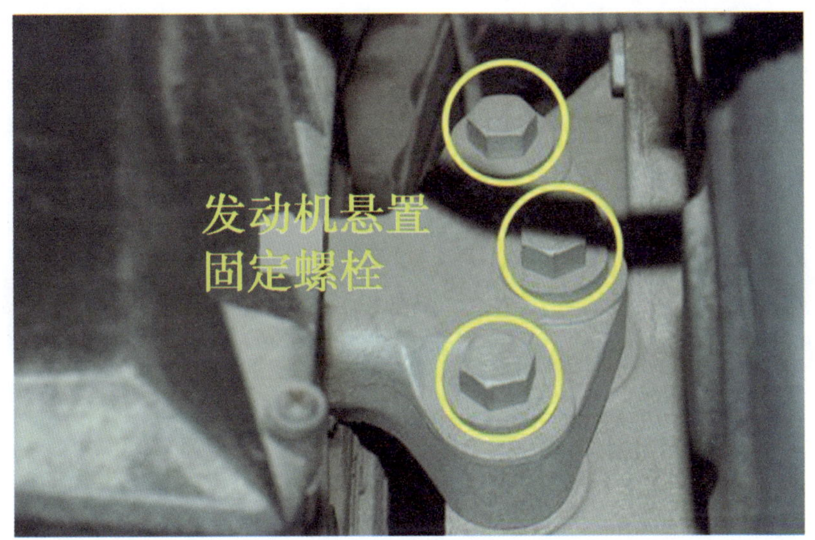

图 4-20 发动机悬置固定螺栓

动态检查主要是在发动机启动的情况下，检查发动机怠速转速值是否在规定范围内；怠速、中速、高速时发动机运转的声音是否正常，有无异常杂音；怠速、中速、高速时发动机是否平稳，有无异常抖动。

9. 发动机舱保养类检查

（1）检查发动机线束。将线束波纹管剥开，检查其老化程度，以及是否有淤泥和水渍，排除水泡等事故，如图 4-21 所示。

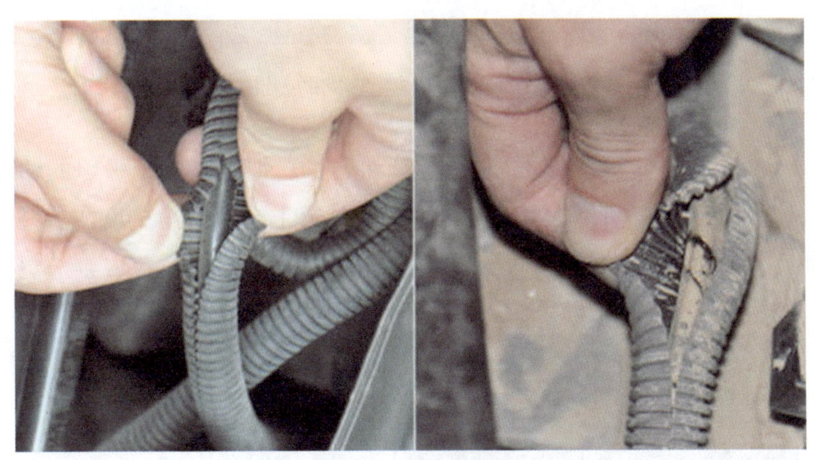

图 4-21 检查发动机线束

（2）检查蓄电池。使用蓄电池检测仪检测蓄电池，查看其使用情况，如图 4-22 所示。

（3）检查转向助力油（见图 4-23）。转向助力油储油罐位于冷却液储液罐附近，其罐体为黑色，其上盖为绿色。转向助力油的存量通过储油罐内的油尺进行检查，正常液面应在油尺中上部。通过观察油尺上是否有杂质、金属颗粒，可以判断转向助力油的质量，如有则说明转向助力油需更换。

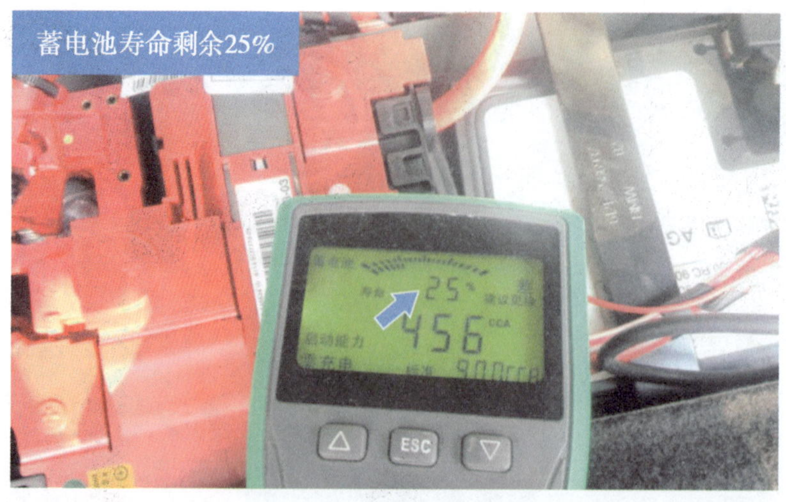

图 4-22　检查蓄电池

图 4-23　检查转向助力油

（4）检查机油。机油检查主要是查看机油的存量和质量。把汽车停到平坦的路面，熄火并等待几分钟后，拔出机油尺，观察油位（如图 4-24 所示，一般标尺上会有一个刻度或者圆孔作为测量油位的参考），同时将机油尺上的机油涂抹在纸巾上观察颜色，如果机油呈暗褐色，则应更换机油。

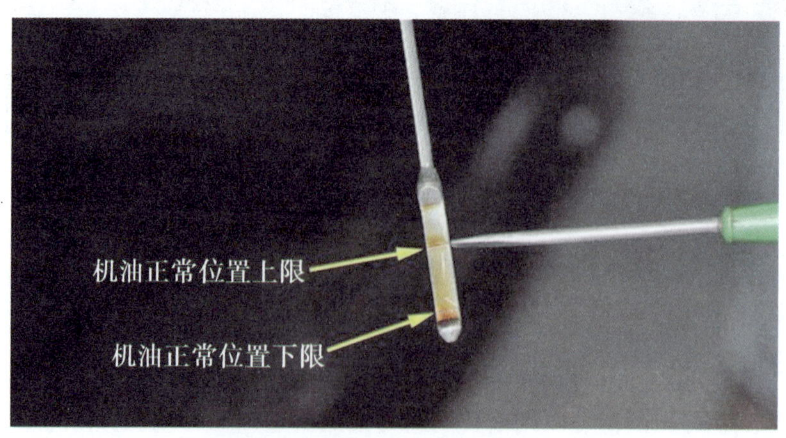

图 4-24　检查机油存量

（5）检查制动液（见图 4–25）。检查制动液存量，正常情况下，制动液液位应位于上限与下限之间。

图 4–25 检查制动液

检查制动液不仅要检查存量，还要使用制动液测试仪检测制动液的含水量，如图 4–26 所示。

图 4–26 检测制动液含水量

（6）检查冷却液。在冷车状态下，检查冷却液存量，正常情况下冷却液液位应位于上限与下限之间，如图 4–27 所示。

图 4-27　检查冷却液存量

如图 4-28 所示，检查冷却液时还要使用冰点测试仪测试冷却液质量，如不满足使用要求应更换。

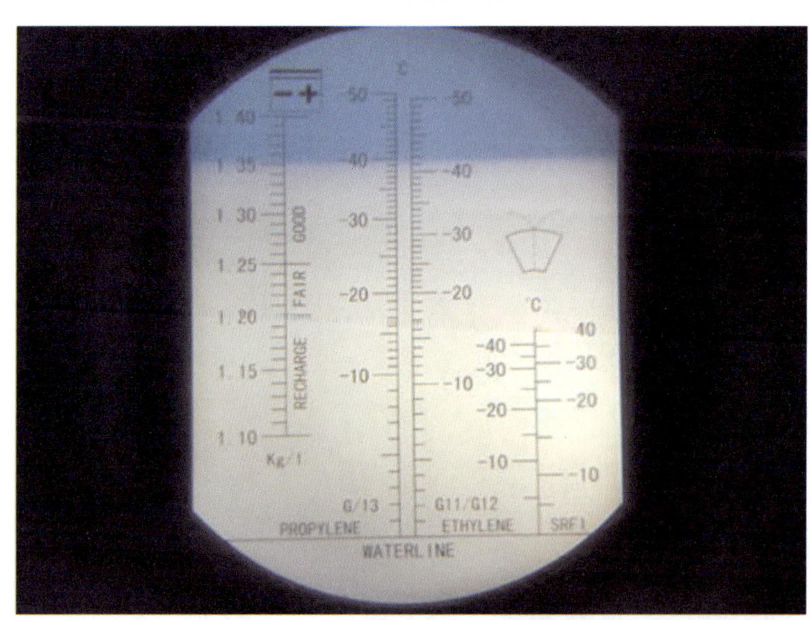

图 4-28　冷却液冰点测试

（7）检查其他部位。发动机舱内的散热器、散热风扇、发电机、发动机传动带等也需要检查。

二、任务准备

在下列图片中勾选出完成本次任务所需的物品。

		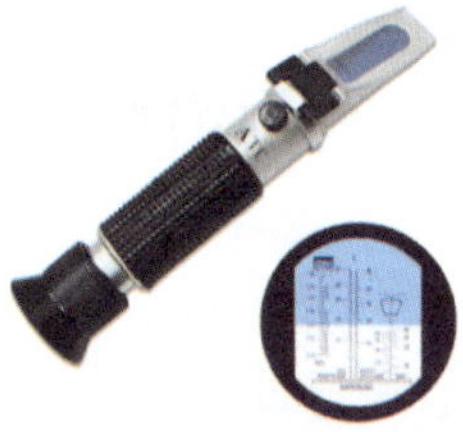
笔记本电脑	读卡器	冰点测试仪
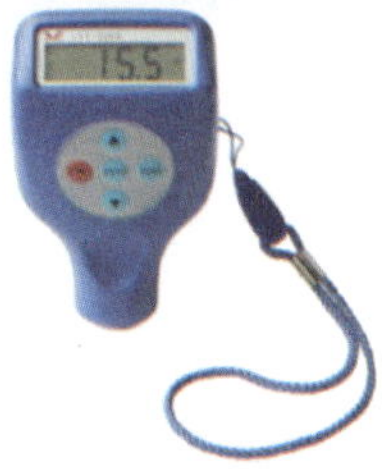		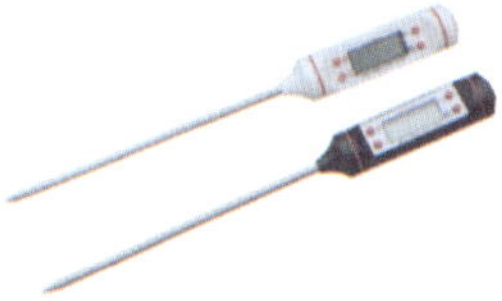
漆面检测仪	举升机	汽车空调温度计

手电筒	通用诊断仪	相机
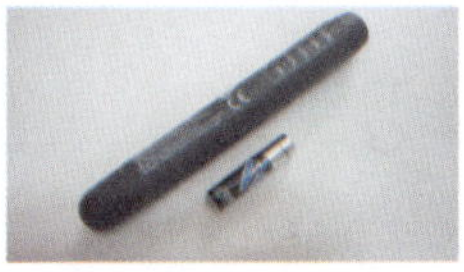		
制动液测试仪	蓄电池检测仪	实训车辆
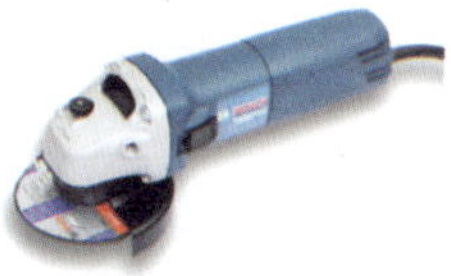		
手持砂轮机	号牌螺栓	桌牌

三、防护措施

（1）进入车间应穿工鞋、戴工帽；工作服应整齐，无破损；操作时不可佩戴手表等金属饰品，以防划伤车辆表面。

（2）检查发动机舱或冷凝器时，应关闭点火开关并确保散热风扇已停止运转。

（3）启动发动机前，一定要检查发动机舱有无异常并通知其他人。

（4）进行车辆电器系统检查时，注意不可长时间开启电器，以免蓄电池过度消耗。

四、任务分配

每 5 人一组，每组推荐组长，组长对小组任务进行分配。组员按组长要求完成相关任务，并将自己在小组内的分工及个人任务内容填入表 4–1 中。

表 4–1　任务分配

<table>
<tr><th>任务</th><th>组长</th><th>人员分工</th><th>具体任务</th></tr>
<tr><td rowspan="5">对车辆发动机舱零部件及油液进行检查</td><td rowspan="5"></td><td></td><td></td></tr>
<tr><td></td><td></td></tr>
<tr><td></td><td></td></tr>
<tr><td></td><td></td></tr>
<tr><td></td><td></td></tr>
</table>

五、任务实施

（一）实施 1

根据实训车辆情况，静态检查汽车发动机舱，并将检查结果填入表 4–2 中。

表 4–2　二手车发动机舱静态检查

<table>
<tr><td rowspan="2">核对凭证</td><td>证件</td><td colspan="5">□ 原始发票　□ 登记证书　□ 行驶证　□ 法人代码或身份证　□ 其他</td></tr>
<tr><td>税费</td><td colspan="5">□ 购置税　□ 车船税　□ 保险费　□ 其他</td></tr>
<tr><td rowspan="5">检查车辆情况</td><td>厂牌型号</td><td></td><td>车牌号</td><td></td><td>使用用途</td><td></td></tr>
<tr><td>车架号</td><td colspan="3"></td><td>发动机号</td><td></td></tr>
<tr><td>座位 / 排量</td><td colspan="3"></td><td>燃料种类</td><td></td></tr>
<tr><td>车辆出厂日期</td><td colspan="3"></td><td>车身颜色</td><td></td></tr>
<tr><td>已使用年限</td><td>年　月</td><td colspan="3">累计行驶里程（万千米）</td><td></td></tr>
</table>

续表

检查项目	检查内容	检查结果	检查内容	检查结果
发动机舱检查	发动机舱盖固定螺栓		前翼子板固定螺栓	
	发动机舱盖边缘		前翼子板	
	发动机舱盖锁扣		前照灯	
	散热器框架		散热风扇	
	散热器		前纵梁	
	减振器安装座		发动机悬置固定螺栓	
	气门室罩盖		发动机线束	
	发动机前后端及变速器		发电机	
	备注：			
发动机舱保养类检查	检查内容	检查结果	检查内容	检查结果
	机油液面		制动液液面	
	机油质量		制动液质量	
	冷却液液面		转向助力油液面	
	冷却液质量		转向助力油质量	
	蓄电池质量		发动机传动带质量	
	备注：			

（二）实施 2

在检查实训车辆发动机舱的过程中，注意检查各部件的固定螺栓，并将检查结果填入表 4–3 中。

表 4–3 任务实施记录

任务内容	检查点	结果及分析
二手车发动机舱的固定螺栓检查		

六、相互展示

各小组轮流展示任务完成结果，学员根据各组完成情况分析存在的问题，并将结果填入表 4–4 中。

表 4-4　展示结果记录

组别	存在的问题

七、课堂小结

任务五　二手车发动机舱检查（二）

<table>
<tr><th colspan="6">二手车发动机舱检查任务工单——发动机动态检查</th></tr>
<tr><td>客户信息</td><td>客户姓名</td><td></td><td>联系电话</td><td></td><td>评估日期</td></tr>
<tr><td rowspan="3">车辆基本信息</td><td>厂牌</td><td></td><td>出厂日期</td><td></td><td>上牌日期</td></tr>
<tr><td>型号</td><td></td><td>VIN 码</td><td></td><td>车身颜色</td></tr>
<tr><td>强制险日期</td><td></td><td>凭证</td><td colspan="2">□ 号牌　□ 行驶证　□ 登记证书　□ 保险单　□ 其他</td></tr>
<tr><td>任务信息</td><td colspan="5">选择目标二手车 □　二手车基本检查 □　二手车发动机舱检查 □
二手车驾驶舱及行李舱检查 □　二手车底盘检查 □　现场检测与车辆拍照 □
现场检测报告编写 □　二手车价格确定 □　二手车过户 □
客户沟通与价格评估 □
备注：</td></tr>
<tr><td colspan="3">车辆外观检查</td><td colspan="3">车辆结构件检查</td></tr>
<tr><td>凹凸 □
划痕 □
石击 □
油漆 □</td><td colspan="2">前保险杠
左前翼子板　发动机舱　右前翼子板
左前门　右前门
左后门　车顶　右后门
左后翼子板　右后翼子板
行李舱
后保险杠</td><td>变形 □
扭曲 □
钣金 □
更换 □</td><td colspan="2">1—左A柱　5—右B柱　9—左前减振器悬挂部位
2—左B柱　6—右C柱　10—右前减振器悬挂部位
3—左C柱　7—左纵梁　11—左后减振器悬挂部位
4—右A柱　8—右纵梁　12—右后减振器悬挂部位</td></tr>
<tr><td>明确具体工作任务</td><td colspan="5"></td></tr>
</table>

续表

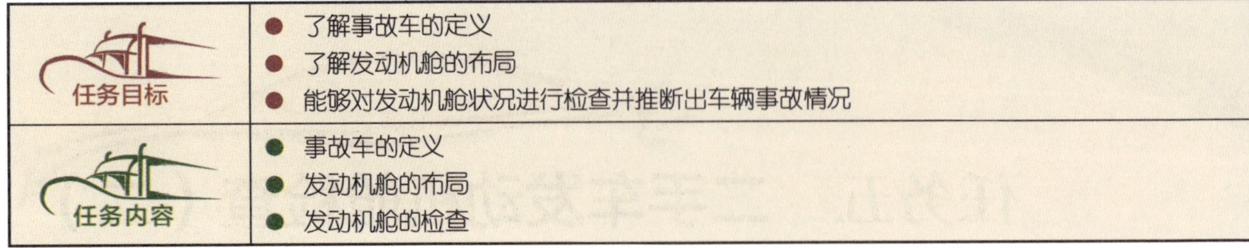

任务目标	● 了解事故车的定义 ● 了解发动机舱的布局 ● 能够对发动机舱状况进行检查并推断出车辆事故情况
任务内容	● 事故车的定义 ● 发动机舱的布局 ● 发动机舱的检查

一、任务准备

在下列图片中勾选出完成本次任务所需的物品。

笔记本电脑	读卡器	冰点测试仪
漆面检测仪	举升机	汽车空调温度计
手电筒	通用诊断仪	相机
制动液测试仪	蓄电池检测仪	实训车辆

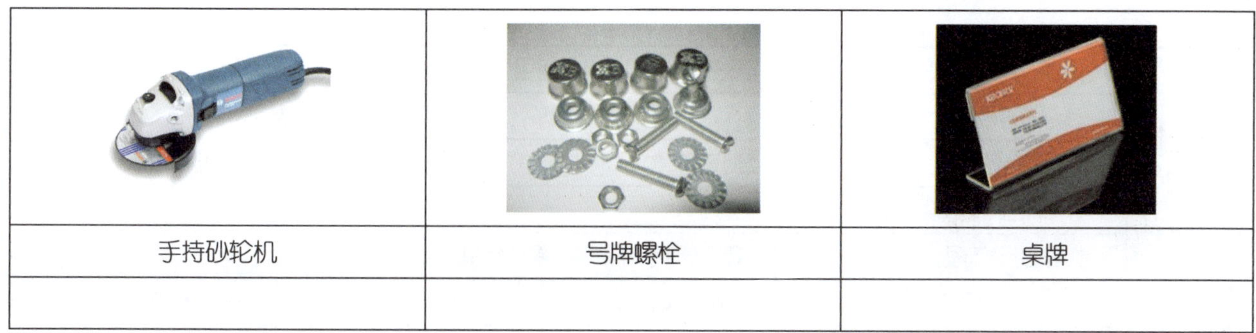

手持砂轮机	号牌螺栓	桌牌

二、防护措施

（1）进入车间应穿工鞋、戴工帽；工作服应整齐，无破损；操作时不可佩戴手表等金属饰品，以防划伤车辆表面。

（2）检查发动机舱或冷凝器时，应关闭点火开关并确保散热风扇已停止运转。

（3）启动发动机前，一定要检查发动机舱有无异常并通知其他人。

（4）进行车辆电器系统检查时，注意不可长时间开启电器，以免蓄电池过度消耗。

三、任务分配

每 5 人一组，每组推荐组长，组长对小组任务进行分配。组员按组长要求完成相关任务，并将自己在小组内的分工及个人任务内容填入表 5–1 中。

表 5–1　任务分配

任务	组长	人员分工	具体任务
对车辆发动机进行动态检查			

四、任务实施

（一）实施 1

根据实训车辆情况，静态检查汽车发动机舱，并将检查结果填入表 5–2 中。

表 5–2　二手车发动机舱静态检查

核对凭证	证件	□ 原始发票　□ 登记证书　□ 行驶证　□ 法人代码或身份证　□ 其他
	税费	□ 购置税　□ 车船税　□ 保险费　□ 其他

续表

<table>
<tr><td rowspan="5">检查车辆情况</td><td>厂牌型号</td><td></td><td>车牌号</td><td></td><td>使用用途</td><td></td></tr>
<tr><td>车架号</td><td colspan="3"></td><td>发动机号</td><td></td></tr>
<tr><td>座位 / 排量</td><td colspan="3"></td><td>燃料种类</td><td></td></tr>
<tr><td>车辆出厂日期</td><td colspan="3"></td><td>车身颜色</td><td></td></tr>
<tr><td>已使用年限</td><td>年　　月</td><td colspan="3">累计行驶里程（万千米）</td><td></td></tr>
<tr><td>检查项目</td><td colspan="2">检查内容</td><td>检查结果</td><td colspan="2">检查内容</td><td>检查结果</td></tr>
<tr><td rowspan="9">发动机舱检查</td><td colspan="2">发动机舱盖固定螺栓</td><td></td><td colspan="2">前翼子板固定螺栓</td><td></td></tr>
<tr><td colspan="2">发动机舱盖边缘</td><td></td><td colspan="2">前翼子板</td><td></td></tr>
<tr><td colspan="2">发动机舱盖锁扣</td><td></td><td colspan="2">前照灯</td><td></td></tr>
<tr><td colspan="2">散热器框架</td><td></td><td colspan="2">散热风扇</td><td></td></tr>
<tr><td colspan="2">散热器</td><td></td><td colspan="2">前纵梁</td><td></td></tr>
<tr><td colspan="2">减振器安装座</td><td></td><td colspan="2">发动机悬置固定螺栓</td><td></td></tr>
<tr><td colspan="2">气门室罩盖</td><td></td><td colspan="2">发动机线束</td><td></td></tr>
<tr><td colspan="2">发动机前后端及变速器</td><td></td><td colspan="2">发电机</td><td></td></tr>
<tr><td colspan="6">备注：</td></tr>
<tr><td rowspan="7">发动机舱保养类检查</td><td colspan="2">检查内容</td><td>检查结果</td><td colspan="2">检查内容</td><td>检查结果</td></tr>
<tr><td colspan="2">机油液面</td><td></td><td colspan="2">制动液液面</td><td></td></tr>
<tr><td colspan="2">机油质量</td><td></td><td colspan="2">制动液质量</td><td></td></tr>
<tr><td colspan="2">冷却液液面</td><td></td><td colspan="2">转向助力油液面</td><td></td></tr>
<tr><td colspan="2">冷却液质量</td><td></td><td colspan="2">转向助力油质量</td><td></td></tr>
<tr><td colspan="2">蓄电池质量</td><td></td><td colspan="2">发动机传动带质量</td><td></td></tr>
<tr><td colspan="6">备注：</td></tr>
</table>

（二）实施 2

根据实训车辆情况，动态检查汽车发动机，并将检查结果填入表 5–3 中。

表 5–3　二手车发动机动态检查

<table>
<tr><th>检查项目</th><th>检查内容</th><th>检查结果</th></tr>
<tr><td rowspan="9">发动机动态检查</td><td>发动机故障灯</td><td></td></tr>
<tr><td>怠速转速</td><td></td></tr>
<tr><td>怠速声音</td><td></td></tr>
<tr><td>中速声音</td><td></td></tr>
<tr><td>高速声音</td><td></td></tr>
<tr><td>怠速抖动</td><td></td></tr>
<tr><td>中速抖动</td><td></td></tr>
<tr><td>高速抖动</td><td></td></tr>
<tr><td colspan="2">备注：</td></tr>
</table>

（三）实施 3

在检查实训车辆发动机舱的过程中，注意检查各部件的固定螺栓，并将检查结果填入表 5-4 中。

表 5-4 任务实施记录

任务内容	检查点	结果及分析
二手车发动机舱的固定螺栓检查		

五、相互展示

各小组轮流展示任务完成结果，学员根据各组完成情况分析存在的问题，并将结果填入表 5-5 中。

表 5-5 展示结果记录

组别	存在的问题

六、课堂小结

任务六　二手车驾驶舱及行李舱检查（一）

二手车驾驶舱及行李舱检查任务工单——驾驶舱及行李舱检查						
客户信息	客户姓名		联系电话		评估日期	
车辆基本信息	厂牌		出厂日期		上牌日期	
	型号		VIN 码		车身颜色	
	强制险日期		凭证	□ 号牌　□ 行驶证　□ 登记证书　□ 保险单　□ 其他		
任务信息	选择目标二手车 □ 二手车驾驶舱及行李舱检查 □ 现场检测报告编写 □ 客户沟通与价格评估 □ 备注：		二手车基本检查 □ 二手车底盘检查 □ 二手车价格确定 □		二手车发动机舱检查 □ 现场检测与车辆拍照 □ 二手车过户 □	

车辆外观检查		车辆结构件检查	
凹凸 □	前保险杠、左前翼子板、发动机舱、右前翼子板、左前门、右前门、车顶、左后门、右后门、左后翼子板、右后翼子板、行李舱、后保险杠	变形 □	1—左A柱　5—右B柱　9—左前减振器悬挂部位 2—左B柱　6—右C柱　10—右前减振器悬挂部位 3—左C柱　7—左纵梁　11—左后减振器悬挂部位 4—右A柱　8—右纵梁　12—右后减振器悬挂部位
划痕 □		扭曲 □	
石击 □		钣金 □	
油漆 □		更换 □	
明确具体工作任务			

续表

 任务目标	● 能够对转向盘、方向管柱、制动踏板、加速踏板、中控台及各电器部件进行检查，判断其功能是否正常、有无更换痕迹 ● 能够对各内饰部件进行检查，判断其有无更换痕迹，进而推断车辆事故情况 ● 能够检查并判断车辆空调系统工作是否正常 ● 能够对行李舱进行常规检查，并读取整车电控系统故障码
 任务内容	● 驾驶舱的检查 ● 行李舱的检查 ● 电控系统故障码的检查

一、信息链接

（一）驾驶舱的检查

1. 车门内饰板的检查

检查车门内饰板（见图 6–1）上玻璃升降开关等各种控制开关的功能是否正常；检查车门内饰板装饰件有无老化、磨损；检查车门内饰板的清洁情况。

2. 汽车座椅的检查

检查汽车座椅（见图 6–2）的磨损、脏污情况；检查汽车座椅调节装置的功能是否正常。

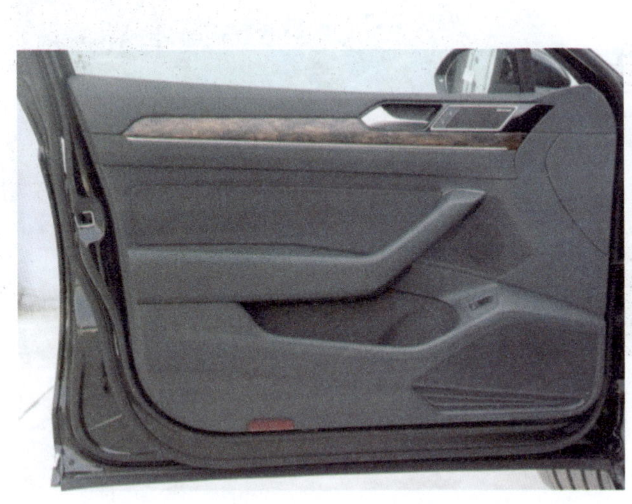

图 6–1 车门内饰板

图 6–2 汽车座椅

3. 安全带和点烟器的检查

检查安全带和点烟器的功能是否正常，安全带生产日期应早于车辆生产日期；检查安全带和点烟器插孔（见图 6–3）的清洁情况，应干净无异物。

4. 天窗和顶棚的检查

检查天窗控制开关（见图 6–4）的功能是否正常，检查天窗和顶棚的破损及脏污情况。

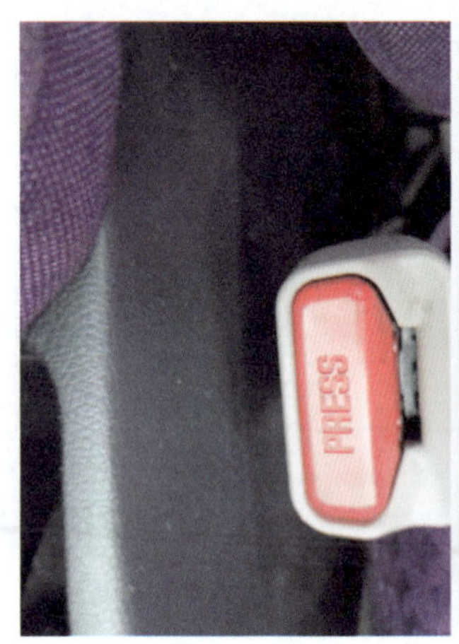

图 6–3　安全带和点烟器插孔

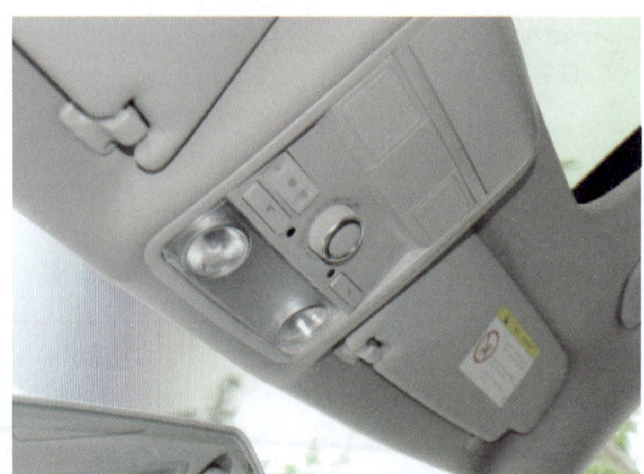

图 6–4　天窗控制开关

5. 转向盘的检查

检查转向盘（见图 6–5）及转向盘上各功能键的功能是否正常，检查转向盘的磨损情况，检查转向盘调整装置的功能是否正常。

6. 仪表盘的检查

检查仪表盘（见图 6–6）有无拆装痕迹及异常磨损情况，检查仪表盘内各仪表显示是否正常。

图 6–5　转向盘

图 6–6　仪表盘

7. 空调的检查

如图 6–7 所示，检查空调制冷效果是否正常；检查空调出风量、出风模式的调节功能是否正常；检查空调各个出风口有无损坏，如图 6–8 所示。

8. 中控台的检查

检查中控台（见图 6–9）是否有异常磨损或按键松动、脱落的情况，检查各功能按键（如应急双闪、歌曲播放、音量调节、空调控制等按键）的功能是否正常。

图 6-7 检查空调制冷效果

图 6-8 检查空调出风口

图 6-9 中控台

9. 换挡杆、中央扶手及储物箱的检查

检查换挡杆及其护套（见图 6-10）、中央扶手和储物箱的清洁及磨损情况，检查换挡过程是否顺滑。

图 6-10 换挡杆及其护套

10. 阅读灯的检查

检查前、后阅读灯开关（见图 6–11）的功能是否正常，检查前、后阅读灯的亮度是否正常。

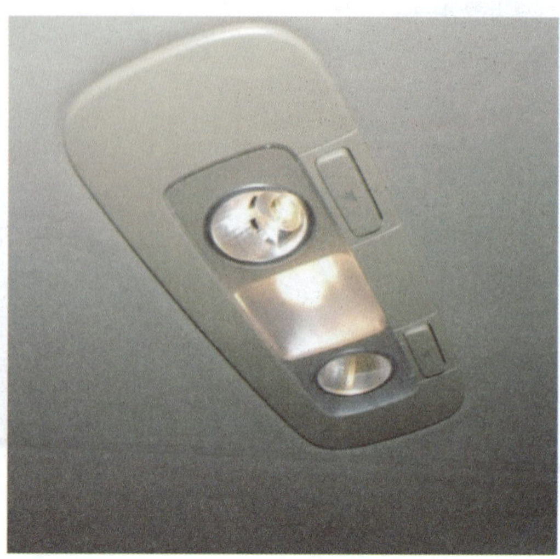

图 6–11　前、后阅读灯及其开关

11. 灯控开关和刮水器开关的检查

检查各灯控开关和刮水器开关（见图 6–12）的控制功能是否正常；检查转向灯、前照灯和尾灯等能否正常点亮；检查刮水器功能是否正常。

图 6–12　灯控开关和刮水器开关

12. 座椅底部及地毯的检查

检查座椅安装螺栓（见图 6–13）有无拧动痕迹，座椅滑道和底部金属有无锈蚀痕迹，座椅底部地毯有无异常泥沙存留痕迹，如有则结合其他部位地毯情况判断车辆是否有水泡嫌疑。

13. 方向管柱、制动踏板和加速踏板的检查

检查方向管柱、制动踏板（见图 6–14）和加速踏板的功能是否正常；检查方向管柱、制动踏板和加速踏板有无锈蚀痕迹，如有轻微锈蚀可能是未干的脚垫或者潮气造成的，如锈迹比较严密均匀，则要注意判断车辆是否有水泡嫌疑。

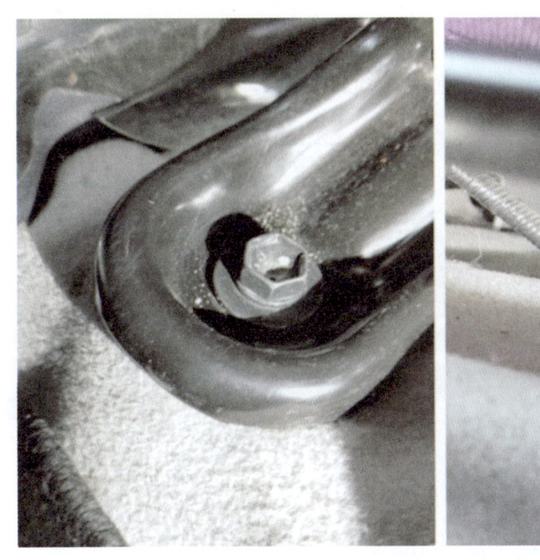

图 6-13 座椅安装螺栓和座椅底部地毯

图 6-14 方向管柱和制动踏板

（二）行李舱的检查

检查行李舱（见图 6-15）内随车工具、警示牌、备胎是否完整，有无破损；将随车工具及行李舱内物品拿掉后进一步检查备胎槽内是否有水泡过锈蚀的痕迹，是否存在二次焊点及打胶痕迹。

图 6-15 行李舱

（三）电控系统故障码的检查

如图 6-16 所示，使用通用诊断仪读取车辆各电控系统故障码，查看有无异常。

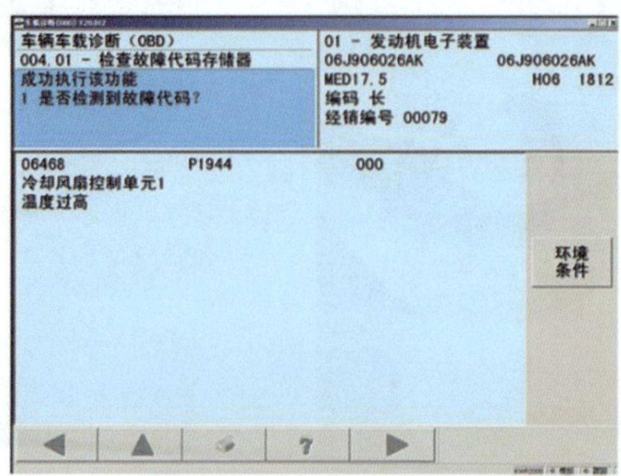

图 6-16 读取电控系统故障码

二、任务准备

在下列图片中勾选出完成本次任务所需的物品。

 笔记本电脑	 读卡器	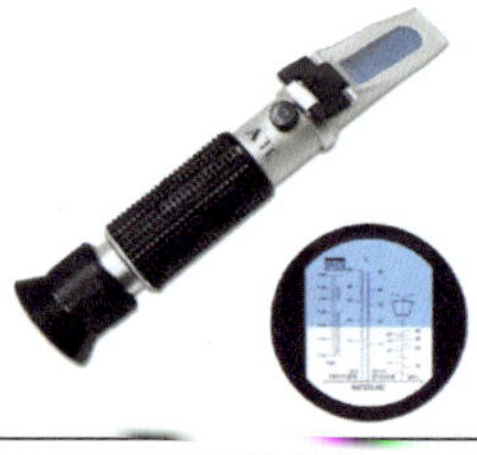 冰点测试仪
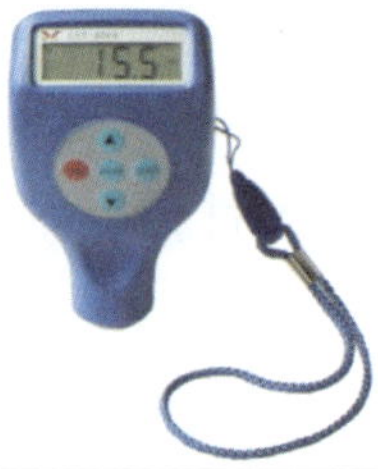 漆面检测仪	 举升机	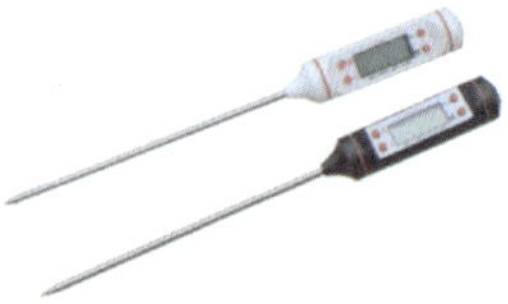 汽车空调温度计
 手电筒	 通用诊断仪	 相机

制动液测试仪	蓄电池检测仪	实训车辆
手持砂轮机	号牌螺栓	桌牌

三、防护措施

（1）进入车间应穿工鞋、戴工帽；工作服应整齐，无破损；操作时不可佩戴手表等金属饰品，以防划伤车辆表面。

（2）检查发动机舱或冷凝器时，应关闭点火开关并确保散热风扇已停止运转。

（3）启动发动机前，一定要检查发动机舱有无异常并通知其他人。

（4）进行车辆电器系统检查时，注意不可长时间开启电器，以免蓄电池过度消耗。

四、任务分配

每 5 人一组，每组推荐组长，组长对小组任务进行分配。组员按组长要求完成相关任务，并将自己在小组内的分工及个人任务内容填入表 6-1 中。

表 6-1　任务分配

任务	组长	人员分工	具体任务
对车辆驾驶舱及行李舱进行检查			

五、任务实施

根据实训车辆情况，检查驾驶舱及行李舱，并将检查结果填入表 6–2 中。

表 6–2　二手车驾驶舱及行李舱检查

<table>
<tr><td rowspan="2">核对凭证</td><td>证件</td><td colspan="5">☐ 原始发票　☐ 登记证书　☐ 行驶证　☐ 法人代码或身份证　☐ 其他</td></tr>
<tr><td>税费</td><td colspan="5">☐ 购置税　☐ 车船税　☐ 保险费　☐ 其他</td></tr>
<tr><td rowspan="5">检查车辆情况</td><td>厂牌型号</td><td></td><td>车牌号</td><td></td><td>使用用途</td><td></td></tr>
<tr><td>车架号</td><td colspan="3"></td><td>发动机号</td><td></td></tr>
<tr><td>座位 / 排量</td><td colspan="3"></td><td>燃料种类</td><td></td></tr>
<tr><td>车辆出厂日期</td><td colspan="3"></td><td>车身颜色</td><td></td></tr>
<tr><td>已使用年限</td><td>年　　月</td><td colspan="2">累计行驶里程（万千米）</td><td colspan="2"></td></tr>
<tr><td colspan="2">检查内容</td><td>功能情况</td><td colspan="2">磨损痕迹</td><td colspan="2">清洁情况</td></tr>
<tr><td colspan="2">左前车门内饰板</td><td></td><td colspan="2"></td><td colspan="2"></td></tr>
<tr><td colspan="2">左后车门内饰板</td><td></td><td colspan="2"></td><td colspan="2"></td></tr>
<tr><td colspan="2">右前车门内饰板</td><td></td><td colspan="2"></td><td colspan="2"></td></tr>
<tr><td colspan="2">右后车门内饰板</td><td></td><td colspan="2"></td><td colspan="2"></td></tr>
<tr><td colspan="2">左前座椅</td><td></td><td colspan="2"></td><td colspan="2"></td></tr>
<tr><td colspan="2">右前座椅</td><td></td><td colspan="2"></td><td colspan="2"></td></tr>
<tr><td colspan="2">后座椅</td><td></td><td colspan="2"></td><td colspan="2"></td></tr>
<tr><td colspan="2">安全带</td><td></td><td colspan="2"></td><td colspan="2"></td></tr>
<tr><td colspan="2">点烟器</td><td></td><td colspan="2"></td><td colspan="2"></td></tr>
<tr><td colspan="2">天窗</td><td></td><td colspan="2"></td><td colspan="2"></td></tr>
<tr><td colspan="2">顶棚</td><td></td><td colspan="2"></td><td colspan="2"></td></tr>
<tr><td colspan="2">转向盘</td><td></td><td colspan="2"></td><td colspan="2"></td></tr>
<tr><td colspan="2">仪表盘</td><td></td><td colspan="2"></td><td colspan="2"></td></tr>
<tr><td colspan="2">空调</td><td></td><td colspan="2"></td><td colspan="2"></td></tr>
<tr><td colspan="2">中控台</td><td></td><td colspan="2"></td><td colspan="2"></td></tr>
<tr><td colspan="2">换挡杆</td><td></td><td colspan="2"></td><td colspan="2"></td></tr>
<tr><td colspan="2">中央扶手</td><td></td><td colspan="2"></td><td colspan="2"></td></tr>
<tr><td colspan="2">储物箱</td><td></td><td colspan="2"></td><td colspan="2"></td></tr>
<tr><td colspan="2">阅读灯</td><td></td><td colspan="2"></td><td colspan="2"></td></tr>
<tr><td colspan="2">灯控开关</td><td></td><td colspan="2"></td><td colspan="2"></td></tr>
<tr><td colspan="2">刮水器开关</td><td></td><td colspan="2"></td><td colspan="2"></td></tr>
<tr><td colspan="2">座椅底部</td><td></td><td colspan="2"></td><td colspan="2"></td></tr>
<tr><td colspan="2">地毯</td><td></td><td colspan="2"></td><td colspan="2"></td></tr>
</table>

续表

检查内容	功能情况	磨损痕迹	清洁情况
方向管柱			
制动踏板			
加速踏板			
行李舱			
电控系统故障码			
备注：			

六、相互展示

各小组轮流展示任务完成结果，学员根据各组完成情况分析存在的问题，并将结果填入表 6-3 中。

表 6-3　展示结果记录

组别	存在的问题

七、课堂小结

任务七　二手车驾驶舱及行李舱检查（二）

<table>
<tr><td colspan="6">二手车驾驶舱及行李舱检查任务工单——空调系统检查</td></tr>
<tr><td>客户信息</td><td>客户姓名</td><td></td><td>联系电话</td><td></td><td>评估日期</td><td></td></tr>
<tr><td rowspan="4">车辆基本信息</td><td>厂牌</td><td></td><td>出厂日期</td><td></td><td>上牌日期</td><td></td></tr>
<tr><td>型号</td><td></td><td>VIN 码</td><td></td><td>车身颜色</td><td></td></tr>
<tr><td>强制险日期</td><td></td><td>凭证</td><td colspan="3">□ 号牌　□ 行驶证　□ 登记证书　□ 保险单　□ 其他</td></tr>
<tr><td>任务信息</td><td colspan="6">选择目标二手车 □　二手车基本检查 □　二手车发动机舱检查 □
二手车驾驶舱及行李舱检查 □　二手车底盘检查 □　现场检测与车辆拍照 □
现场检测报告编写 □　二手车价格确定 □　二手车过户 □
客户沟通与价格评估 □
备注：</td></tr>
<tr><td colspan="3">车辆外观检查</td><td colspan="4">车辆结构件检查</td></tr>
<tr><td>凹凸 □
划痕 □
石击 □
油漆 □</td><td colspan="2">前保险杠　左前翼子板　发动机舱　右前翼子板　左前门　右前门　车顶　左后门　右后门　左后翼子板　右后翼子板　行李舱　后保险杠</td><td>变形 □
扭曲 □
钣金 □
更换 □</td><td colspan="3">1—左A柱　5—右B柱　9—左前减振器悬挂部位
2—左B柱　6—右C柱　10—右前减振器悬挂部位
3—左C柱　7—左纵梁　11—左后减振器悬挂部位
4—右A柱　8—右纵梁　12—右后减振器悬挂部位</td></tr>
<tr><td>明确具体工作任务</td><td colspan="6"></td></tr>
</table>

续表

 任务目标	● 能够对转向盘、方向管柱、制动踏板、加速踏板、中控台及各电器部件进行检查，判断其功能是否正常、有无更换痕迹 ● 能够对各内饰部件进行检查，判断其有无更换痕迹，进而推断车辆事故情况 ● 能够检查并判断车辆空调系统工作是否正常 ● 能够对行李舱进行常规检查，并读取整车电控系统故障码
 任务内容	● 驾驶舱的检查 ● 行李舱的检查 ● 电控系统故障码的检查

一、任务准备

在下列图片中勾选出完成本次任务所需的物品。

		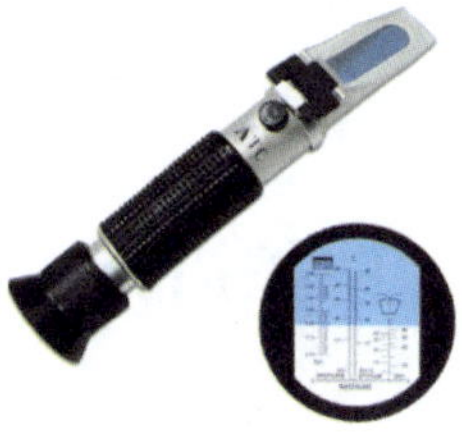
笔记本电脑	读卡器	冰点测试仪
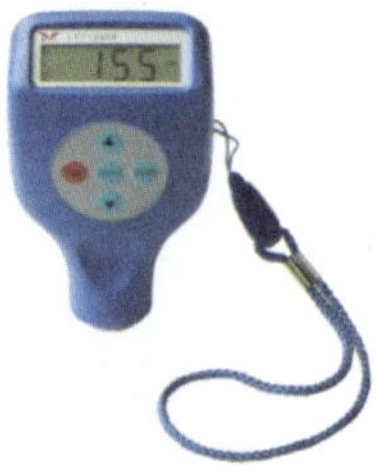		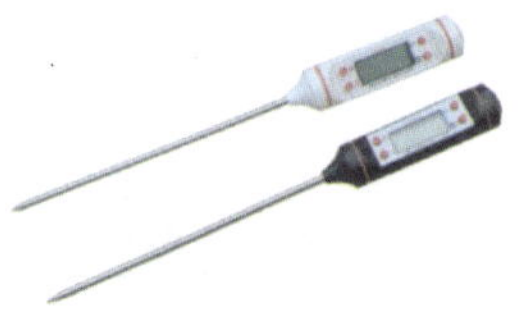
漆面检测仪	举升机	汽车空调温度计

手电筒	通用诊断仪	相机

制动液测试仪	蓄电池检测仪	实训车辆
手持砂轮机	号牌螺栓	桌牌

二、防护措施

（1）进入车间应穿工鞋、戴工帽；工作服应整齐，无破损；操作时不可佩戴手表等金属饰品，以防划伤车辆表面。

（2）检查发动机舱或冷凝器时，应关闭点火开关并确保散热风扇已停止运转。

（3）启动发动机前，一定要检查发动机舱有无异常并通知其他人。

（4）进行车辆电器系统检查时，注意不可长时间开启电器，以免蓄电池过度消耗。

三、任务分配

每5人一组，每组推荐组长，组长对小组任务进行分配。组员按组长要求完成相关任务，并将自己在小组内的分工及个人任务内容填入表7-1中。

表7-1　任务分配

<table>
<tr><th>任务</th><th>组长</th><th>人员分工</th><th>具体任务</th></tr>
<tr><td rowspan="5">对车辆空调系统进行检查</td><td rowspan="5"></td><td></td><td></td></tr>
<tr><td></td><td></td></tr>
<tr><td></td><td></td></tr>
<tr><td></td><td></td></tr>
<tr><td></td><td></td></tr>
</table>

四、任务实施

（一）实施 1

根据实训车辆情况，检查驾驶舱及行李舱，并将检查结果填入表 7-2 中。

表 7-2　二手车驾驶舱及行李舱检查

<table>
<tr><td rowspan="2">核对凭证</td><td>证件</td><td colspan="5">□ 原始发票　□ 登记证书　□ 行驶证　□ 法人代码或身份证　□ 其他</td></tr>
<tr><td>税费</td><td colspan="5">□ 购置税　□ 车船税　□ 保险费　□ 其他</td></tr>
<tr><td rowspan="5">检查车辆情况</td><td>厂牌型号</td><td></td><td>车牌号</td><td></td><td>使用用途</td><td></td></tr>
<tr><td>车架号</td><td colspan="3"></td><td>发动机号</td><td></td></tr>
<tr><td>座位 / 排量</td><td colspan="3"></td><td>燃料种类</td><td></td></tr>
<tr><td>车辆出厂日期</td><td colspan="3"></td><td>车身颜色</td><td></td></tr>
<tr><td>已使用年限</td><td>年　月</td><td colspan="2">累计行驶里程（万千米）</td><td colspan="2"></td></tr>
<tr><td colspan="2">检查内容</td><td>功能情况</td><td colspan="2">磨损痕迹</td><td colspan="2">清洁情况</td></tr>
<tr><td colspan="2">左前车门内饰板</td><td></td><td colspan="2"></td><td colspan="2"></td></tr>
<tr><td colspan="2">左后车门内饰板</td><td></td><td colspan="2"></td><td colspan="2"></td></tr>
<tr><td colspan="2">右前车门内饰板</td><td></td><td colspan="2"></td><td colspan="2"></td></tr>
<tr><td colspan="2">右后车门内饰板</td><td></td><td colspan="2"></td><td colspan="2"></td></tr>
<tr><td colspan="2">左前座椅</td><td></td><td colspan="2"></td><td colspan="2"></td></tr>
<tr><td colspan="2">右前座椅</td><td></td><td colspan="2"></td><td colspan="2"></td></tr>
<tr><td colspan="2">后座椅</td><td></td><td colspan="2"></td><td colspan="2"></td></tr>
<tr><td colspan="2">安全带</td><td></td><td colspan="2"></td><td colspan="2"></td></tr>
<tr><td colspan="2">点烟器</td><td></td><td colspan="2"></td><td colspan="2"></td></tr>
<tr><td colspan="2">天窗</td><td></td><td colspan="2"></td><td colspan="2"></td></tr>
<tr><td colspan="2">顶棚</td><td></td><td colspan="2"></td><td colspan="2"></td></tr>
<tr><td colspan="2">转向盘</td><td></td><td colspan="2"></td><td colspan="2"></td></tr>
<tr><td colspan="2">仪表盘</td><td></td><td colspan="2"></td><td colspan="2"></td></tr>
<tr><td colspan="2">空调</td><td></td><td colspan="2"></td><td colspan="2"></td></tr>
<tr><td colspan="2">中控台</td><td></td><td colspan="2"></td><td colspan="2"></td></tr>
<tr><td colspan="2">换挡杆</td><td></td><td colspan="2"></td><td colspan="2"></td></tr>
<tr><td colspan="2">中央扶手</td><td></td><td colspan="2"></td><td colspan="2"></td></tr>
<tr><td colspan="2">储物箱</td><td></td><td colspan="2"></td><td colspan="2"></td></tr>
<tr><td colspan="2">阅读灯</td><td></td><td colspan="2"></td><td colspan="2"></td></tr>
<tr><td colspan="2">灯控开关</td><td></td><td colspan="2"></td><td colspan="2"></td></tr>
<tr><td colspan="2">刮水器开关</td><td></td><td colspan="2"></td><td colspan="2"></td></tr>
</table>

续表

检查内容	功能情况	磨损痕迹	清洁情况
座椅底部			
地毯			
方向管柱			
制动踏板			
加速踏板			
行李舱			
电控系统故障码			
备注：			

（二）实施 2

检查实训车辆空调情况，并将检查结果填入表 7–3 中。

表 7–3　二手车空调系统检查

检查项目	检查内容	检查方式	检查结果	备注
空调系统	出风口			
	制冷效果			
	出风模式			
	备注：			

五、相互展示

各小组轮流展示任务完成结果，学员根据各组完成情况分析存在的问题，并将结果填入表 7–4 中。

表 7–4　展示结果记录

组别	存在的问题

六、课堂小结

任务八 二手车底盘检查

二手车底盘检查任务工单					
客户信息	客户姓名		联系电话		评估日期	
车辆基本信息	厂牌		出厂日期		上牌日期	
	型号		VIN 码		车身颜色	
	强制险日期		凭证	□ 号牌 □ 行驶证 □ 登记证书 □ 保险单 □ 其他		
任务信息	选择目标二手车 □ 二手车驾驶舱及行李舱检查 □ 现场检测报告编写 □ 客户沟通与价格评估 □ 备注：	二手车基本检查 □ 二手车底盘检查 □ 二手车价格确定 □	二手车发动机舱检查 □ 现场检测与车辆拍照 □ 二手车过户 □			

车辆外观检查		车辆结构件检查	
凹凸 □	前保险杠、左前翼子板、发动机舱、右前翼子板、左前门、右前门、车顶、左后门、右后门、左后翼子板、右后翼子板、行李舱、后保险杠	变形 □	1—左A柱 5—右B柱 9—左前减振器悬挂部位 2—左B柱 6—右C柱 10—右前减振器悬挂部位 3—左C柱 7—左纵梁 11—左后减振器悬挂部位 4—右A柱 8—右纵梁 12—右后减振器悬挂部位
划痕 □		扭曲 □	
石击 □		钣金 □	
油漆 □		更换 □	
明确具体工作任务			

续表

	● 能够对前纵梁、后防撞梁等不易观察的部件进行检查，进而判断车辆事故情况 ● 能够对汽车行驶、制动、转向、传动系统各部件进行检查，判断其功能是否正常，有无更换痕迹 ● 能够对车辆底部磕碰、托底情况进行检查，判断车辆底盘部件受损情况 ● 能够对供油管路、制动管路及排气管路等部件进行检查，判断其功能是否正常
	● 二手车底盘部件的检查 ● 二手车动态检查

一、信息链接

（一）二手车底盘部件的检查

二手车底盘部件检查主要包括车辆前部发动机舱底部部件（如前纵梁底部、发动机油底壳等不易观察的部件）检查，车辆后部底部部件（如后防撞梁等不易观察的部件）检查，汽车行驶系统、制动系统、转向系统、传动系统检查，车辆底部磕碰、托底情况检查，以及供油管路、制动管路、排气管路等其他部件的检查。

1. 举升车辆

如图 8–1 所示，想要彻底检查底盘的各个部件，必须要用举升机把车辆抬起来。使用举升机举升车辆时要注意：车辆要举升到举升机指定位置后再固定；举升过程中，人员要远离车辆；举升到位并锁止保险的情况下人员方可进入车辆底部。

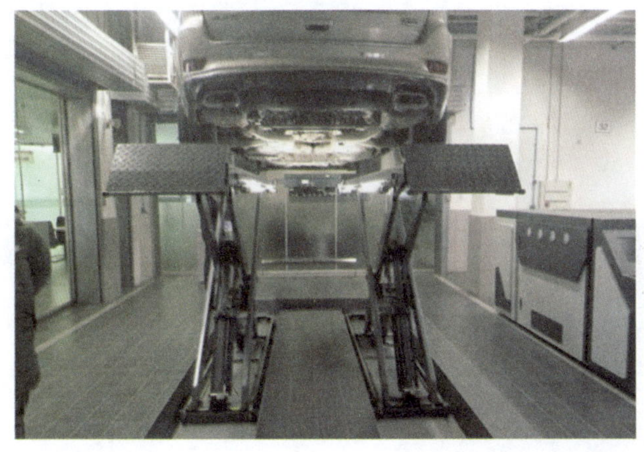

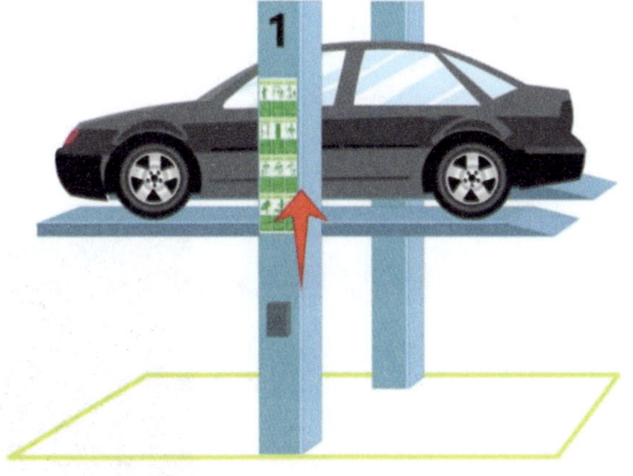

图 8–1 使用举升机举升车辆

2. 发动机舱底部部件的检查

如图 8–2 所示，检查发动机、变速箱有无漏油痕迹；检查发动机油底壳状态是否完好，有无磕碰痕迹，有无漏油痕迹，有无拆装痕迹；检查副车架和变速箱固定螺栓有无拆装痕迹。

检查前纵梁（见图 8–3）是否平直无褶皱，是否有钣金敲打和焊接打胶痕迹。

3. 车辆后部底部部件的检查

检查车辆后防撞梁（见图 8–4）有无钣金修复痕迹。

图 8-2　发动机底部漏油

图 8-3　前纵梁

图 8-4　车辆后防撞梁

4. 行驶系统的检查

检查前减振器（见图 8-5）有无拆装更换痕迹，有无渗油、漏油痕迹，有无磕碰痕迹。

图 8-5　前减振器

检查后减振器（见图 8-6）有无拆装更换痕迹，有无渗油、漏油痕迹，有无磕碰痕迹；检查后桥固定螺栓有无拆装痕迹。

图 8-6 后减振器

如图 8-7 所示，检查轮胎生产日期和磨损情况；检查有无鼓包、开裂、偏磨情况；检查轮毂、轮胎有无更换过，是否符合原车状态；检查全车轮胎花纹是否符合标准（同轴上的两条轮胎花纹须相同）。

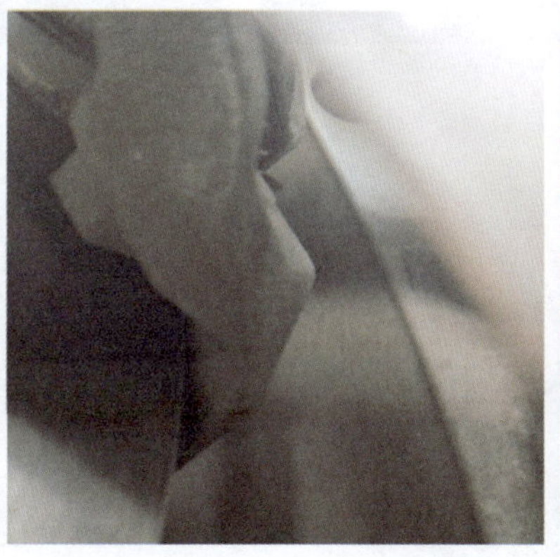

图 8-7 轮毂和轮胎

5. 制动系统的检查

检查轮毂有无异常磨损和剐蹭情况；检查四轮制动片（见图 8-8）厚度，判断是否需要更换。

6. 转向系统的检查

检查转向机（见图 8-9）有无渗油、漏油痕迹，有无拆装痕迹；检查转向节臂、转向拉杆有无磕碰、变形等情况。

7. 传动系统的检查

检查传动系统的传动轴、万向节（见图 8-10）是否有渗油、漏油痕迹，是否有拆装更换痕迹。

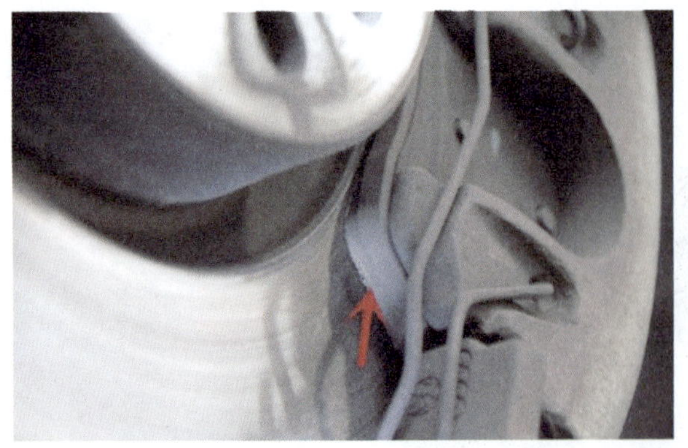

图 8-8　制动片

图 8-9　转向机

图 8-10　万向节

8. 车辆底部及各管路的检查

检查车辆底部（见图 8-11）是否有磕碰、托底的痕迹；检查供油管路、制动管路、排气管路是否有磕碰、损坏、更换痕迹，是否有未安装到位现象；检查排气管路是否有锈蚀。

图 8-11　车辆底部

（二）二手车动态检查

二手车动态检查（又称二手车路试检查）是指操作二手车使之处于不同的工况（如发动机启动、怠速、起步、加速、匀速行驶、滑行、制动、紧急制动、升挡、降挡等），以检查二手车的操纵性能、制动性能、滑行性能、加速性能、声响和废气排放情况的过程。

1. 检查发动机启动性能和原地工作状况

（1）启动发动机，查看启动过程是否有异响，是否一次启动成功，如需再次启动，间隔时间应大于 15 s。

（2）检查发动机怠速运转情况（检查要点参见任务四）。

（3）等待发动机冷却液温度正常后，原地缓慢踩踏加速踏板，检查发动机在各种转速下运转是否平稳，是否有异常声响；原地急踩加速踏板、急松开加速踏板，检查发动机转速由低到高和由高到低的过程是否迅速、有无异响。

（4）检查发动机在各种转速运转时，排放尾气有无冒黑烟、冒蓝烟等异常情况。

2. 路试

路试时间一般为 10 ~ 15 min，建议选择宽敞且车少的道路。路试越充分，就越能了解车辆行驶、制动、转向、传动等系统当前的工作状况。

（1）手动挡车辆离合器应该接合平稳，分离彻底。离合器常出现的故障是打滑和分离不彻底。

（2）在宽敞路面上，将转向盘向左、向右转动，检查车辆转向是否灵活，有无回正力矩，有无异响；平直路面上双手离开转向盘不应跑偏。

（3）在车速约为 50 km/h 时紧急制动，车辆应能立即减速，且不应有制动跑偏现象；急踩制动踏板然后松开，不应出现跑偏现象；在斜坡路面检查驻车制动器能否保持车辆静止。

（4）检查在正常起步、匀速行驶、突然松开加速踏板、急加速、紧急制动等多种工况下，传动系统是否有异响；匀速行驶时松开加速踏板检查车辆滑行时是否有明显的阻滞情况。

（5）把车辆行驶到不平整或多弯的路面，感受车辆有无减振缓冲功能，如果无缓冲感觉，甚至减振器发出沉闷的响声，说明悬架系统有问题。

二、任务准备

在下列图片中勾选出完成本次任务所需的物品。

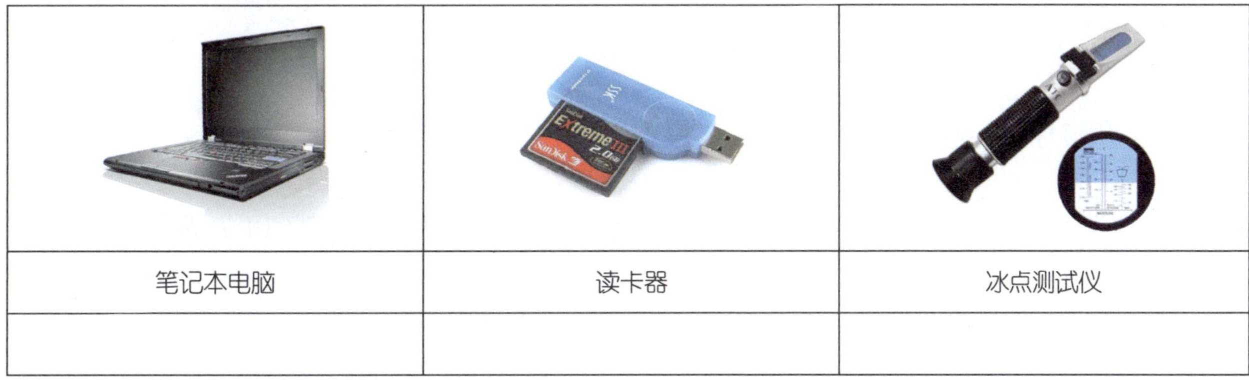

笔记本电脑	读卡器	冰点测试仪

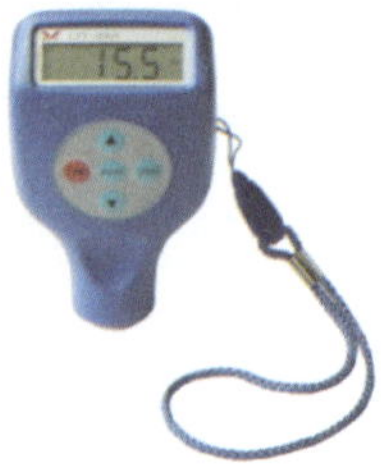		
漆面检测仪	举升机	汽车空调温度计

手电筒	通用诊断仪	相机

制动液测试仪	蓄电池检测仪	实训车辆
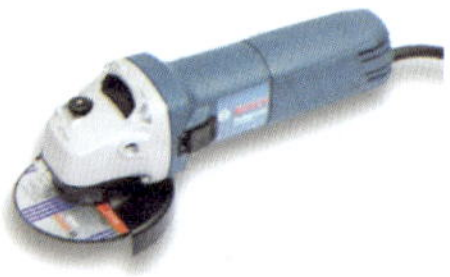		
手持砂轮机	号牌螺栓	桌牌

三、防护措施

（1）进入车间应穿工鞋、戴工帽；工作服应整齐，无破损；操作时不可佩戴手表等金属饰品，以防划伤车辆表面。

（2）检查发动机舱或冷凝器时，应关闭点火开关并确保散热风扇已停止运转。

（3）启动发动机前，一定要检查发动机舱有无异常并通知其他人。

（4）进行车辆电器系统检查时，注意不可长时间开启电器，以免蓄电池过度消耗。

四、任务分配

每 5 人一组，每组推荐组长，组长对小组任务进行分配。组员按组长要求完成相关任务，并将自己在小组内的分工及个人任务内容填入表 8-1 中。

表 8-1 任务分配

<table>
<tr><th>任务</th><th>组长</th><th>人员分工</th><th>具体任务</th></tr>
<tr><td rowspan="5">对车辆底盘进行检查</td><td rowspan="5"></td><td></td><td></td></tr>
<tr><td></td><td></td></tr>
<tr><td></td><td></td></tr>
<tr><td></td><td></td></tr>
<tr><td></td><td></td></tr>
</table>

五、任务实施

（一）实施 1

根据实训车辆情况，检查汽车底盘各个部件，并将检查结果填入表 8-2 中。

表 8-2 二手车底盘检查

<table>
<tr><td rowspan="2">核对凭证</td><td>证件</td><td colspan="5">□ 原始发票 □ 登记证书 □ 行驶证 □ 法人代码或身份证 □ 其他</td></tr>
<tr><td>税费</td><td colspan="5">□ 购置税 □ 车船税 □ 保险费 □ 其他</td></tr>
<tr><td rowspan="5">检查车辆情况</td><td>厂牌型号</td><td></td><td>车牌号</td><td></td><td>使用用途</td><td></td></tr>
<tr><td>车架号</td><td colspan="3"></td><td>发动机号</td><td></td></tr>
<tr><td>座位 / 排量</td><td colspan="3"></td><td>燃料种类</td><td></td></tr>
<tr><td>车辆出厂日期</td><td colspan="3"></td><td>车身颜色</td><td></td></tr>
<tr><td>已使用年限</td><td>年 月</td><td colspan="3">累计行驶里程（万千米）</td><td></td></tr>
</table>

<table>
<tr><th>检查项目</th><th>检查内容</th><th>有无渗油、漏油</th><th>有无拆装、磨损痕迹</th><th>检查结果</th></tr>
<tr><td rowspan="8">传动系统</td><td>离合器</td><td></td><td></td><td></td></tr>
<tr><td>离合器拉线</td><td></td><td></td><td></td></tr>
<tr><td>变速器</td><td></td><td></td><td></td></tr>
<tr><td>离合器分泵</td><td></td><td></td><td></td></tr>
<tr><td>变速箱油</td><td></td><td></td><td></td></tr>
<tr><td>传动轴</td><td></td><td></td><td></td></tr>
<tr><td>球笼</td><td></td><td></td><td></td></tr>
<tr><td>车架</td><td></td><td></td><td></td></tr>
</table>

续表

检查项目	检查内容	有无渗油、漏油	有无拆装、磨损痕迹	检查结果
行驶系统	前后悬架			
	前桥			
	车轮			
	稳定杆			
	副车架			
	后桥			
转向系统	控制臂			
	转向助力油及其储油罐			
	转向机			
	转向助力泵			
	转向拉杆			
	转向操纵机构			
	转向轴			
	转向盘自由行程			
制动系统	制动液及其储液罐			
	制动液管			
	制动总泵			
	制动片			
	制动分泵			
	ABS 泵			
	制动盘			
	制动钳			
	驻车制动器			
排气系统	排气管及消音器			
	三元催化器			
	排气管吊耳			
其他	发动机、变速器悬置			
	前纵梁			
	后纵梁			
	前防撞梁			
	后防撞梁			
	备注:			

(二) 实施 2

动态检查实训车辆情况，并将检查结果填入表 8-3 中。

表 8-3 二手车动态检查

检查项目	检查内容	检查方式	检查结果	备注
二手车动态检查	发动机运转情况			
	离合器接合、分离情况			
	转向盘转向情况			
	跑偏情况			
	制动效果			
	传动系统			
	行驶系统			
	减振器			
	备注：			

六、相互展示

各小组轮流展示任务完成结果，学员根据各组完成情况分析存在的问题，并将结果填入表 8-4 中。

表 8-4 展示结果记录

组别	存在的问题

七、课堂小结

任务九　现场检测与车辆拍照（一）

<table>
<tr><td colspan="6">现场检测与车辆拍照任务工单——事故车、水淹车、火烧车排查</td></tr>
<tr><td>客户信息</td><td>客户姓名</td><td></td><td>联系电话</td><td></td><td>评估日期</td><td></td></tr>
<tr><td rowspan="3">车辆基本信息</td><td>厂牌</td><td></td><td>出厂日期</td><td></td><td>上牌日期</td><td></td></tr>
<tr><td>型号</td><td></td><td>VIN 码</td><td></td><td>车身颜色</td><td></td></tr>
<tr><td>强制险日期</td><td></td><td>凭证</td><td colspan="3">□ 号牌　□ 行驶证　□ 登记证书　□ 保险单　□ 其他</td></tr>
<tr><td>任务信息</td><td colspan="6">选择目标二手车 □　二手车基本检查 □　二手车发动机舱检查 □
二手车驾驶舱及行李舱检查 □　二手车底盘检查 □　现场检测与车辆拍照 □
现场检测报告编写 □　二手车价格确定 □　二手车过户 □
客户沟通与价格评估 □
备注：</td></tr>
</table>

车辆外观检查		车辆结构件检查	
凹凸 □ 划痕 □ 石击 □ 油漆 □	前保险杠、发动机舱、左前翼子板、右前翼子板、左前门、右前门、车顶、左后门、右后门、左后翼子板、右后翼子板、行李舱、后保险杠	变形 □ 扭曲 □ 钣金 □ 更换 □	1—左A柱　5—右B柱　9—左前减振器悬挂部位 2—左B柱　6—右C柱　10—右前减振器悬挂部位 3—左C柱　7—左纵梁　11—左后减振器悬挂部位 4—右A柱　8—右纵梁　12—右后减振器悬挂部位

明确具体工作任务	

续表

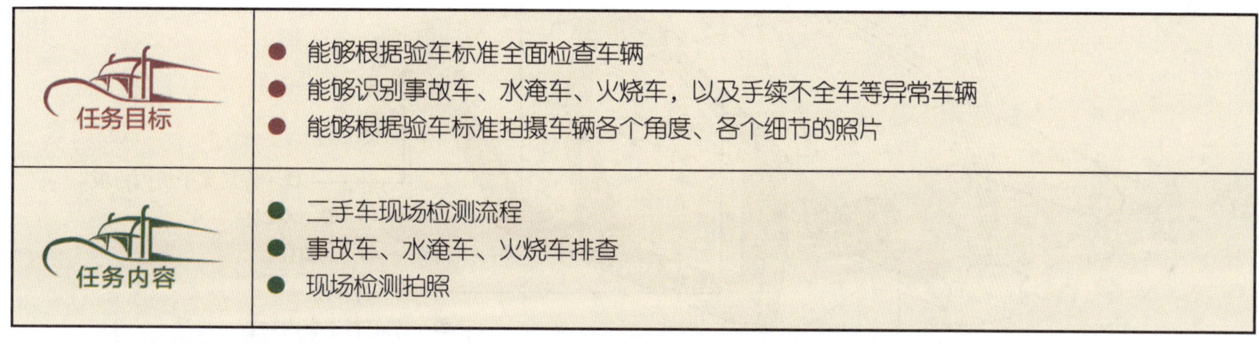

任务目标	● 能够根据验车标准全面检查车辆 ● 能够识别事故车、水淹车、火烧车，以及手续不全车等异常车辆 ● 能够根据验车标准拍摄车辆各个角度、各个细节的照片
任务内容	● 二手车现场检测流程 ● 事故车、水淹车、火烧车排查 ● 现场检测拍照

一、信息链接

（一）二手车现场检测流程

二手车现场检测流程：查验基本情况（凭证及材料）→外观检查→发动机舱检查→驾驶舱及行李舱检查→底盘检查→事故车排查→水淹车排查→火烧车排查→车辆动态检查→编写检测报告。检查过程中要做好记录并为车辆拍照（动态路试勿拍照）。

（二）事故车、水淹车、火烧车排查

二手车的外观检查、发动机舱检查、驾驶舱及行李舱检查、底盘检查和车辆动态检查前面任务中已经介绍，本任务不再赘述，将重点介绍事故车排查、水淹车排查和火烧车排查。

1. 事故车排查

检查车辆前部、车辆左侧、车辆右侧、车辆后部、车辆底部，如果发现有变形、修复、更换痕迹，则说明该处曾经发生过事故。具体检查项目如图 9-1 ~ 图 9-5 所示。

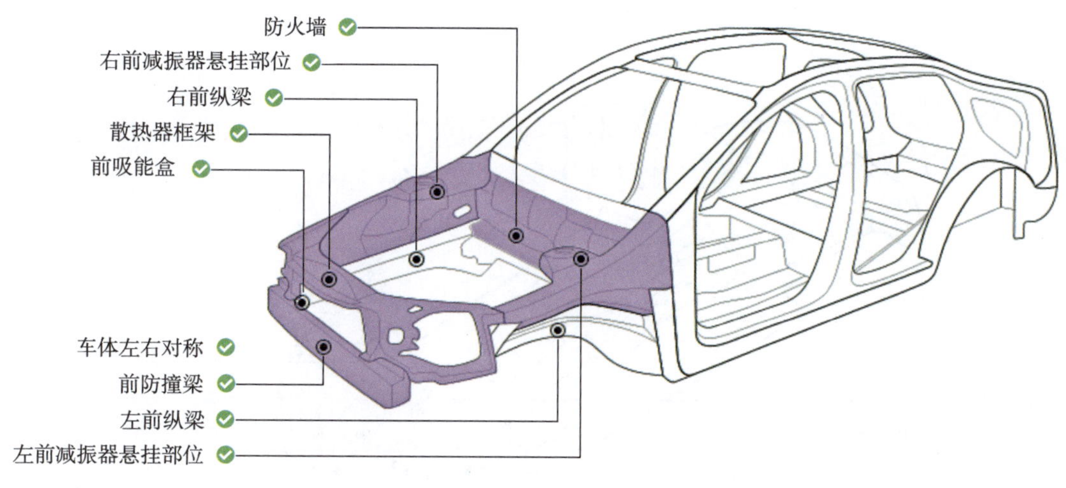

图 9-1　车辆前部检查项目

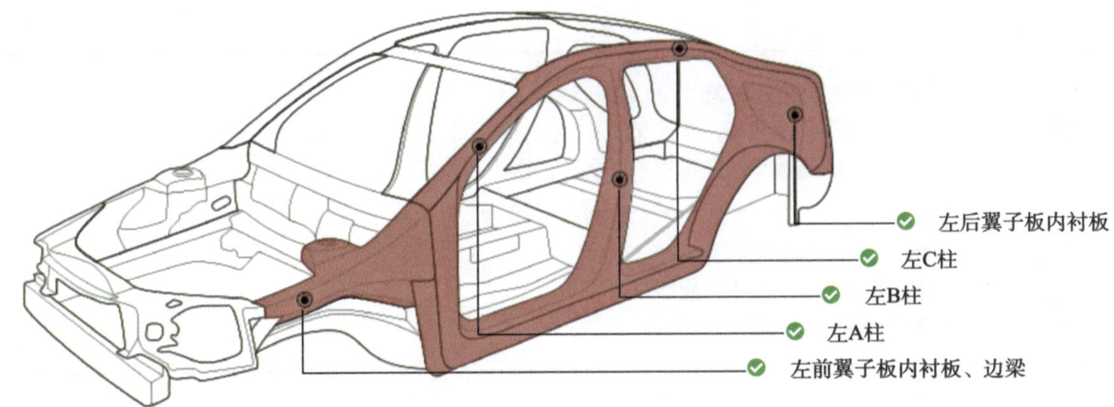

图 9-2　车辆左侧检查项目

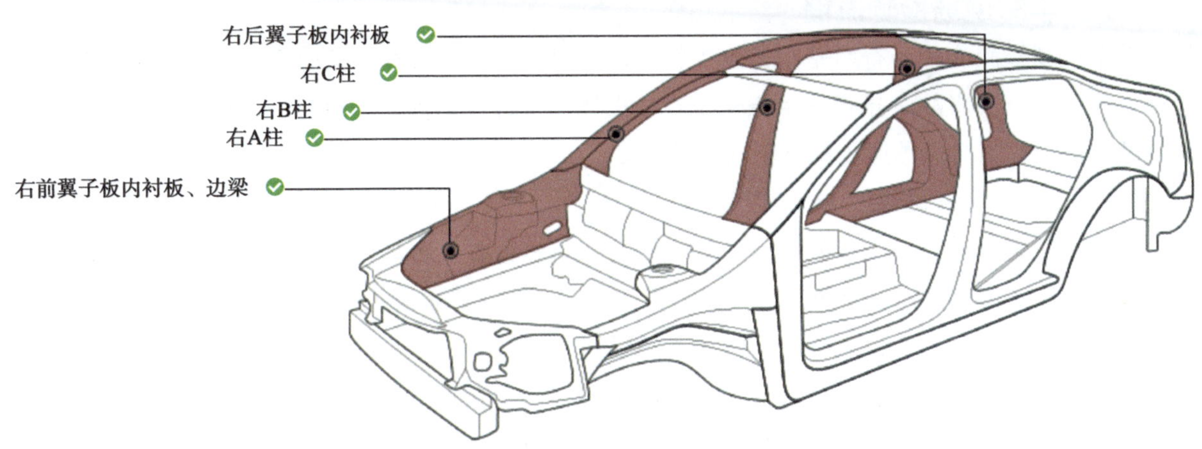

图 9-3　车辆右侧检查项目

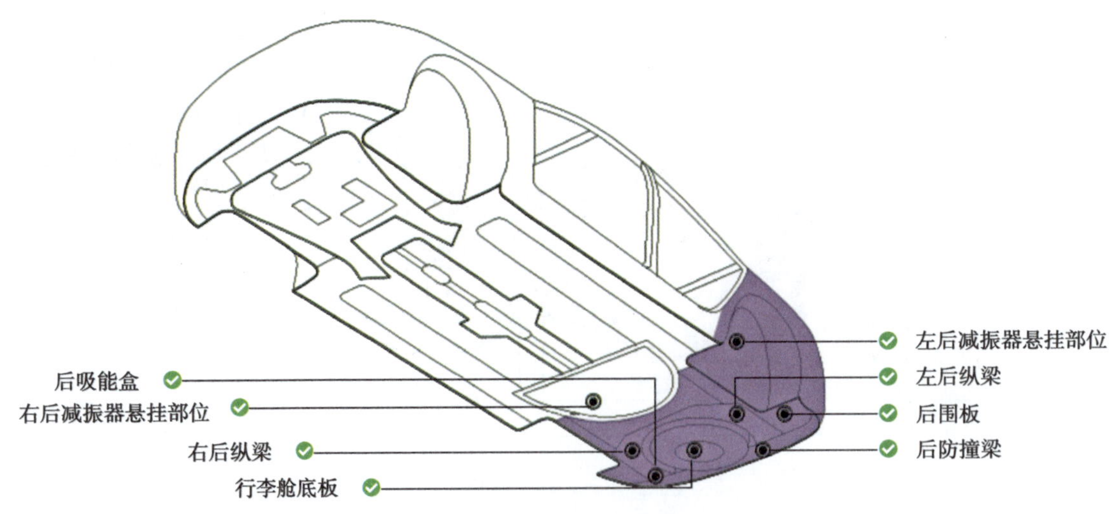

图 9-4　车辆后部检查项目

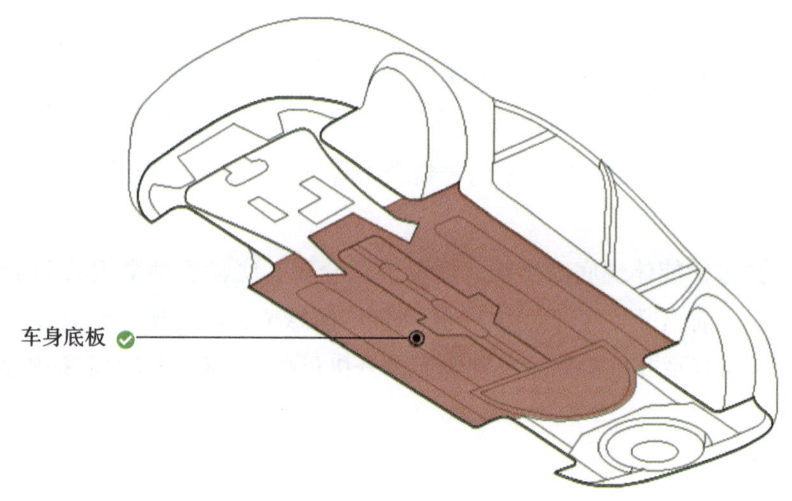

图 9-5 车辆底部检查项目

2. 水淹车排查

水淹车排查要点如下。

（1）检查发动机各机械部件有无异常锈蚀，有无泥沙存留。

（2）检查保险盒有无泥沙存留。

（3）检查散热器及冷凝器旁有无泥沙存留。

（4）检查车内有无异常霉味。

（5）检查安全带根部有无异常水渍。

（6）检查座椅填充物有无变硬，失去正常的弹性。

（7）检查安全带插孔、点烟器插孔、座椅底部金属件有无锈蚀。

（8）检查仪表盘内有无异常锈蚀，电线和接头处有无泥沙存留。

3. 火烧车排查

火烧车排查要点如下。

（1）检查保险盒有无火烧或熏黑痕迹。

（2）检查车身覆盖件有无火烧痕迹。

（3）检查发动机线束有无火烧痕迹。

（4）检查防火墙有无火烧或熏黑痕迹。

（三）现场检测拍照

在现场检测二手车过程中，检测师需要对车辆进行拍照，并对每张照片进行简单、准确地说明，拍照部位及要求如下。

1. 车辆外观照片

外观照片中应至少包括体现车辆正前、左前、左、左后、正后、右后、右、右前等部位的全景照片，其中车辆左前、右前、左后、右后、轮胎、尾标等部位应该有特写照片。

2. 发动机舱照片

发动机舱照片中应至少包括能体现车辆发动机舱全貌的全景照片，其中发动机正面、发动机左、发动机右、发动机气门室罩盖等部位应该有特写照片。

3. 驾驶舱及行李舱照片

驾驶舱及行李舱照片中应至少包括能体现车辆中控台、天窗、前座椅、前车门、后座椅、后车门，以及行李舱内全貌的全景照片，其中转向盘、仪表盘、多媒体和空调控制面板、玻璃升降开关、换挡杆、加速及制动（离合）踏板、安全带、车门密封胶条等部位应该有特写照片。

4. 底盘照片

底盘照片中应至少包括能体现底盘全貌、底盘前部全貌、底盘后部全貌的全景照片，其中发动机油底壳、变速器油底壳、前纵梁（底部角度）、传动轴、前悬架、后悬架、轮胎和轮毂等部位应该有特写照片（拍摄底盘照片需要举升机，如验车现场无举升机可略过，但交易时必须检查）。

二、任务准备

在下列图片中勾选出完成本次任务所需的物品。

笔记本电脑	读卡器	冰点测试仪
漆面检测仪	举升机	汽车空调温度计
手电筒	通用诊断仪	相机

制动液测试仪	蓄电池检测仪	实训车辆
手持砂轮机	号牌螺栓	桌牌

三、防护措施

（1）进入车间应穿工鞋、戴工帽；工作服应整齐，无破损；操作时不可佩戴手表等金属饰品，以防划伤车辆表面。

（2）检查发动机舱或冷凝器时，应关闭点火开关并确保散热风扇已停止运转。

（3）启动发动机前，一定要检查发动机舱有无异常并通知其他人。

（4）进行车辆电器系统检查时，注意不可长时间开启电器，以免蓄电池过度消耗。

四、任务分配

每 5 人一组，每组推荐组长，组长对小组任务进行分配。组员按组长要求完成相关任务，并将自己在小组内的分工及个人任务内容填入表 9-1 中。

表 9-1　任务分配

任务	组长	人员分工	具体任务
对实训车辆进行现场检测与事故车、水淹车、火烧车排查			

五、任务实施

（一）实施 1

利用检测工具对实训车辆外观进行检查，并将检查结果填入表 9-2 中。

表 9-2　二手车外观检查

<table>
<tr><td rowspan="2">核对凭证</td><td>证件</td><td colspan="6">□ 原始发票　□ 登记证书　□ 行驶证　□ 法人代码或身份证　□ 其他</td></tr>
<tr><td>税费</td><td colspan="6">□ 购置税　□ 车船税　□ 保险费　□ 其他</td></tr>
<tr><td rowspan="5">检查车辆情况</td><td>厂牌型号</td><td colspan="2"></td><td>车牌号</td><td></td><td>使用用途</td><td></td></tr>
<tr><td>车架号</td><td colspan="4"></td><td>发动机号</td><td></td></tr>
<tr><td>座位 / 排量</td><td colspan="4"></td><td>燃料种类</td><td></td></tr>
<tr><td>车辆出厂日期</td><td colspan="4"></td><td>车身颜色</td><td></td></tr>
<tr><td>已使用年限</td><td colspan="2">年　　月</td><td colspan="3">累计行驶里程（万千米）</td><td></td></tr>
<tr><td>检查项目</td><td>检查内容</td><td colspan="2">检查结果</td><td colspan="2">检查内容</td><td colspan="2">检查结果</td></tr>
<tr><td rowspan="15">车身覆盖件基本检查</td><td>发动机舱盖</td><td colspan="2"></td><td colspan="2">左前车门</td><td colspan="2"></td></tr>
<tr><td>左前翼子板</td><td colspan="2"></td><td colspan="2">右前车门</td><td colspan="2"></td></tr>
<tr><td>左后翼子板</td><td colspan="2"></td><td colspan="2">左后车门</td><td colspan="2"></td></tr>
<tr><td>右前翼子板</td><td colspan="2"></td><td colspan="2">右后车门</td><td colspan="2"></td></tr>
<tr><td>右后翼子板</td><td colspan="2"></td><td colspan="2">行李舱盖</td><td colspan="2"></td></tr>
<tr><td>车顶左</td><td colspan="2"></td><td colspan="2">车顶右</td><td colspan="2"></td></tr>
<tr><td>左 A 柱</td><td colspan="2"></td><td colspan="2">左 B 柱</td><td colspan="2"></td></tr>
<tr><td>右 A 柱</td><td colspan="2"></td><td colspan="2">右 B 柱</td><td colspan="2"></td></tr>
<tr><td>左 C 柱</td><td colspan="2"></td><td colspan="2" rowspan="2">门框下边梁</td><td colspan="2" rowspan="2"></td></tr>
<tr><td>右 C 柱</td><td colspan="2"></td></tr>
<tr><td rowspan="2">前保险杠</td><td colspan="2" rowspan="2"></td><td colspan="2">左前照灯</td><td colspan="2"></td></tr>
<tr><td colspan="2">右前照灯</td><td colspan="2"></td></tr>
<tr><td rowspan="2">后保险杠</td><td colspan="2" rowspan="2"></td><td colspan="2">左尾灯</td><td colspan="2"></td></tr>
<tr><td colspan="2">右尾灯</td><td colspan="2"></td></tr>
<tr><td colspan="7">备注：</td></tr>
<tr><td rowspan="8">玻璃检查</td><td></td><td colspan="2">生产日期</td><td colspan="2">是否有破损、更换</td><td colspan="2">检查结果</td></tr>
<tr><td>前风窗玻璃</td><td colspan="2"></td><td colspan="2"></td><td colspan="2"></td></tr>
<tr><td>后风窗玻璃</td><td colspan="2"></td><td colspan="2"></td><td colspan="2"></td></tr>
<tr><td>左前门风窗玻璃</td><td colspan="2"></td><td colspan="2"></td><td colspan="2"></td></tr>
<tr><td>右前门风窗玻璃</td><td colspan="2"></td><td colspan="2"></td><td colspan="2"></td></tr>
<tr><td>左后门风窗玻璃</td><td colspan="2"></td><td colspan="2"></td><td colspan="2"></td></tr>
<tr><td>右后门风窗玻璃</td><td colspan="2"></td><td colspan="2"></td><td colspan="2"></td></tr>
<tr><td colspan="7">备注：</td></tr>
</table>

（二）实施 2

利用检测工具对实训车辆的发动机舱进行静态检查，并将检查结果填入表 9-3 中。

表 9-3 二手车发动机舱静态检查

<table>
<tr><td rowspan="2">核对凭证</td><td>证件</td><td colspan="4">□ 原始发票 □ 登记证书 □ 行驶证 □ 法人代码或身份证 □ 其他</td></tr>
<tr><td>税费</td><td colspan="4">□ 购置税 □ 车船税 □ 保险费 □ 其他</td></tr>
<tr><td rowspan="5">检查车辆情况</td><td>厂牌型号</td><td></td><td>车牌号</td><td></td><td>使用用途</td><td></td></tr>
<tr><td>车架号</td><td colspan="3"></td><td>发动机号</td><td></td></tr>
<tr><td>座位 / 排量</td><td colspan="3"></td><td>燃料种类</td><td></td></tr>
<tr><td>车辆出厂日期</td><td colspan="3"></td><td>车身颜色</td><td></td></tr>
<tr><td>已使用年限</td><td>年 月</td><td colspan="3">累计行驶里程（万千米）</td><td></td></tr>
</table>

<table>
<tr><td>检查项目</td><td>检查内容</td><td>检查结果</td><td>检查内容</td><td>检查结果</td></tr>
<tr><td rowspan="9">发动机舱检查</td><td>发动机舱盖固定螺栓</td><td></td><td>前翼子板固定螺栓</td><td></td></tr>
<tr><td>发动机舱盖边缘</td><td></td><td>前翼子板</td><td></td></tr>
<tr><td>发动机舱盖锁扣</td><td></td><td>前照灯</td><td></td></tr>
<tr><td>散热器框架</td><td></td><td>散热风扇</td><td></td></tr>
<tr><td>散热器</td><td></td><td>前纵梁</td><td></td></tr>
<tr><td>减振器安装座</td><td></td><td>发动机悬置固定螺栓</td><td></td></tr>
<tr><td>气门室罩盖</td><td></td><td>发动机线束</td><td></td></tr>
<tr><td>发动机前后端及变速器</td><td></td><td>发电机</td><td></td></tr>
<tr><td colspan="4">备注：</td></tr>
<tr><td rowspan="7">发动机舱保养类检查</td><td>检查内容</td><td>检查结果</td><td>检查内容</td><td>检查结果</td></tr>
<tr><td>机油液面</td><td></td><td>制动液液面</td><td></td></tr>
<tr><td>机油质量</td><td></td><td>制动液质量</td><td></td></tr>
<tr><td>冷却液液面</td><td></td><td>转向助力油液面</td><td></td></tr>
<tr><td>冷却液质量</td><td></td><td>转向助力油质量</td><td></td></tr>
<tr><td>蓄电池质量</td><td></td><td>发动机传动带质量</td><td></td></tr>
<tr><td colspan="4">备注：</td></tr>
</table>

（三）实施 3

按照正确步骤对实训车辆的发动机进行动态检查，并将检查结果填入表 9-4 中。

表 9-4 二手车发动机动态检查

<table>
<tr><td>检查项目</td><td>检查内容</td><td>检查结果</td></tr>
<tr><td rowspan="5">发动机动态检查</td><td>发动机故障灯</td><td></td></tr>
<tr><td>怠速转速</td><td></td></tr>
<tr><td>怠速声音</td><td></td></tr>
<tr><td>中速声音</td><td></td></tr>
<tr><td>高速声音</td><td></td></tr>
</table>

续表

检查项目	检查内容	检查结果
发动机动态检查	怠速抖动	
	中速抖动	
	高速抖动	
	备注：	

（四）实施 4

按照正确步骤对实训车辆的驾驶舱及行李舱进行检查，并将检查结果填入表 9-5 中。

表 9-5　二手车驾驶舱及行李舱检查

<table>
<tr><td rowspan="2">核对凭证</td><td>证件</td><td colspan="6">□ 原始发票　□ 登记证书　□ 行驶证　□ 法人代码或身份证　□ 其他</td></tr>
<tr><td>税费</td><td colspan="6">□ 购置税　□ 车船税　□ 保险费　□ 其他</td></tr>
<tr><td rowspan="5">检查车辆情况</td><td>厂牌型号</td><td></td><td>车牌号</td><td></td><td colspan="2">使用用途</td><td></td></tr>
<tr><td>车架号</td><td colspan="3"></td><td colspan="2">发动机号</td><td></td></tr>
<tr><td>座位 / 排量</td><td colspan="3"></td><td colspan="2">燃料种类</td><td></td></tr>
<tr><td>车辆出厂日期</td><td colspan="3"></td><td colspan="2">车身颜色</td><td></td></tr>
<tr><td>已使用年限</td><td>年　　月</td><td colspan="3">累计行驶里程（万千米）</td><td colspan="2"></td></tr>
<tr><td colspan="2">检查内容</td><td>功能情况</td><td colspan="2">磨损痕迹</td><td colspan="3">清洁情况</td></tr>
<tr><td colspan="2">左前车门内饰板</td><td></td><td colspan="2"></td><td colspan="3"></td></tr>
<tr><td colspan="2">左后车门内饰板</td><td></td><td colspan="2"></td><td colspan="3"></td></tr>
<tr><td colspan="2">右前车门内饰板</td><td></td><td colspan="2"></td><td colspan="3"></td></tr>
<tr><td colspan="2">右后车门内饰板</td><td></td><td colspan="2"></td><td colspan="3"></td></tr>
<tr><td colspan="2">左前座椅</td><td></td><td colspan="2"></td><td colspan="3"></td></tr>
<tr><td colspan="2">右前座椅</td><td></td><td colspan="2"></td><td colspan="3"></td></tr>
<tr><td colspan="2">后座椅</td><td></td><td colspan="2"></td><td colspan="3"></td></tr>
<tr><td colspan="2">安全带</td><td></td><td colspan="2"></td><td colspan="3"></td></tr>
<tr><td colspan="2">点烟器</td><td></td><td colspan="2"></td><td colspan="3"></td></tr>
<tr><td colspan="2">天窗</td><td></td><td colspan="2"></td><td colspan="3"></td></tr>
<tr><td colspan="2">顶棚</td><td></td><td colspan="2"></td><td colspan="3"></td></tr>
<tr><td colspan="2">转向盘</td><td></td><td colspan="2"></td><td colspan="3"></td></tr>
<tr><td colspan="2">仪表盘</td><td></td><td colspan="2"></td><td colspan="3"></td></tr>
<tr><td colspan="2">空调</td><td></td><td colspan="2"></td><td colspan="3"></td></tr>
<tr><td colspan="2">中控台</td><td></td><td colspan="2"></td><td colspan="3"></td></tr>
<tr><td colspan="2">换挡杆</td><td></td><td colspan="2"></td><td colspan="3"></td></tr>
<tr><td colspan="2">中央扶手</td><td></td><td colspan="2"></td><td colspan="3"></td></tr>
<tr><td colspan="2">储物箱</td><td></td><td colspan="2"></td><td colspan="3"></td></tr>
</table>

续表

检查内容	功能情况	磨损痕迹	清洁情况
阅读灯			
灯控开关			
刮水器开关			
座椅底部			
地毯			
方向管柱			
制动踏板			
加速踏板			
行李舱			
电控系统故障码			
备注：			

（五）实施 5

按照正确步骤对实训车辆进行事故车、水淹车、火烧车排查，并将检查结果填入表 9-6 中。

表 9-6 事故车、水淹车、火烧车排查

事故车排查			
序号	检测点	注意事项	检查结果
1	车辆前部		
2	车辆左侧		
3	车辆右侧		
4	车辆后部		
5	车辆底部		
水淹车排查			
序号	检测点	注意事项	检查结果
1	发动机各机械部件		
2	保险盒		
3	散热器及冷凝器		
4	车内气味		
5	安全带		
6	座椅填充物		
7	安全带插孔、点烟器插孔和座椅底部金属件		
8	仪表盘、电线及其接头处		

续表

火烧车排查			
序号	检测点	注意事项	检查结果
1	保险盒		
2	车身覆盖件		
3	发动机线束		
4	防火墙		

六、相互展示

各小组轮流展示任务完成结果，学员根据各组完成情况分析存在的问题，并将结果填入表 9-7 中。

表 9-7　展示结果记录

组别	存在的问题

七、课堂小结

任务十　现场检测与车辆拍照（二）

现场检测与车辆拍照任务工单——现场检测拍照					
客户信息	客户姓名		联系电话		评估日期	
车辆基本信息	厂牌		出厂日期		上牌日期	
	型号		VIN 码		车身颜色	
	强制险日期		凭证	□ 号牌　□ 行驶证　□ 登记证书　□ 保险单　□ 其他		
任务信息	选择目标二手车 □ 二手车驾驶舱及行李舱检查 □ 现场检测报告编写 □ 客户沟通与价格评估 □ 备注：		二手车基本检查 □ 二手车底盘检查 □ 二手车价格确定 □		二手车发动机舱检查 □ 现场检测与车辆拍照 □ 二手车过户 □	

车辆外观检查		车辆结构件检查	
凹凸 □	前保险杠、左前翼子板、发动机舱、右前翼子板、左前门、右前门、车顶、左后门、右后门、左后翼子板、右后翼子板、行李舱、后保险杠	变形 □	1—左A柱　5—右B柱　9—左前减振器悬挂部位 2—左B柱　6—右C柱　10—右前减振器悬挂部位 3—左C柱　7—左纵梁　11—左后减振器悬挂部位 4—右A柱　8—右纵梁　12—右后减振器悬挂部位
划痕 □		扭曲 □	
石击 □		钣金 □	
油漆 □		更换 □	

明确具体工作任务	

续表

 任务目标	● 能够根据验车标准全面检查车辆 ● 能够识别事故车、水淹车、火烧车，以及手续不全车等异常车辆 ● 能够根据验车标准拍摄车辆各个角度、各个细节的照片
 任务内容	● 二手车现场检测流程 ● 事故车、水淹车、火烧车排查 ● 现场检测拍照

一、任务准备

在下列图片中勾选出完成本次任务所需的物品。

		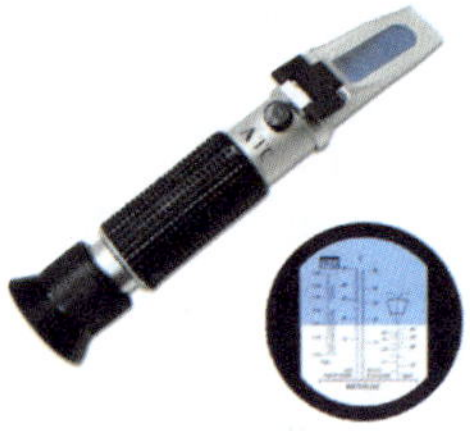
笔记本电脑	读卡器	冰点测试仪
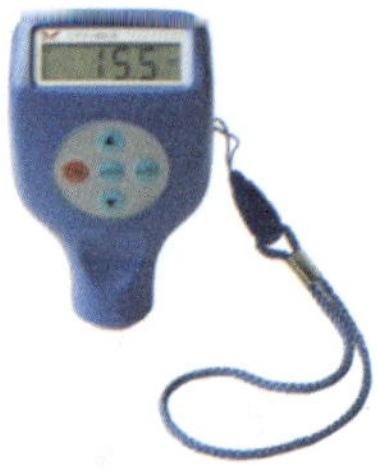		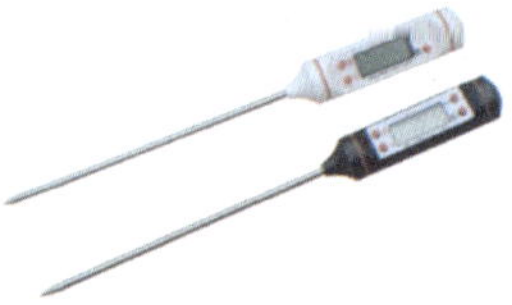
漆面检测仪	举升机	汽车空调温度计

手电筒	通用诊断仪	相机

 制动液测试仪	 蓄电池检测仪	 实训车辆
 手持砂轮机	 号牌螺栓	 桌牌

二、防护措施

（1）进入车间应穿工鞋、戴工帽；工作服应整齐，无破损；操作时不可佩戴手表等金属饰品，以防划伤车辆表面。

（2）检查发动机舱或冷凝器时，应关闭点火开关并确保散热风扇已停止运转。

（3）启动发动机前，一定要检查发动机舱有无异常并通知其他人。

（4）进行车辆电器系统检查时，注意不可长时间开启电器，以免蓄电池过度消耗。

三、任务分配

每5人一组，每组推荐组长，组长对小组任务进行分配。组员按组长要求完成相关任务，并将自己在小组内的分工及个人任务内容填入表10-1中。

表10-1 任务分配

任务	组长	人员分工	具体任务
对实训车辆进行现场检测并拍照			

四、任务实施

（一）实施 1

利用检测工具对实训车辆外观进行检查，并将检查结果填入表 10–2 中。

表 10–2 二手车外观检查

<table>
<tr><td rowspan="2">核对凭证</td><td>证件</td><td colspan="5">□ 原始发票 □ 登记证书 □ 行驶证 □ 法人代码或身份证 □ 其他</td></tr>
<tr><td>税费</td><td colspan="5">□ 购置税 □ 车船税 □ 保险费 □ 其他</td></tr>
<tr><td rowspan="5">检查车辆情况</td><td>厂牌型号</td><td></td><td>车牌号</td><td></td><td>使用用途</td><td></td></tr>
<tr><td>车架号</td><td colspan="3"></td><td>发动机号</td><td></td></tr>
<tr><td>座位 / 排量</td><td colspan="3"></td><td>燃料种类</td><td></td></tr>
<tr><td>车辆出厂日期</td><td colspan="3"></td><td>车身颜色</td><td></td></tr>
<tr><td>已使用年限</td><td>年 月</td><td colspan="2">累计行驶里程（万千米）</td><td colspan="2"></td></tr>
<tr><td>检查项目</td><td>检查内容</td><td colspan="2">检查结果</td><td>检查内容</td><td colspan="2">检查结果</td></tr>
<tr><td rowspan="15">车身覆盖件基本检查</td><td>发动机舱盖</td><td colspan="2"></td><td>左前车门</td><td colspan="2"></td></tr>
<tr><td>左前翼子板</td><td colspan="2"></td><td>右前车门</td><td colspan="2"></td></tr>
<tr><td>左后翼子板</td><td colspan="2"></td><td>左后车门</td><td colspan="2"></td></tr>
<tr><td>右前翼子板</td><td colspan="2"></td><td>右后车门</td><td colspan="2"></td></tr>
<tr><td>右后翼子板</td><td colspan="2"></td><td>行李舱盖</td><td colspan="2"></td></tr>
<tr><td>车顶左</td><td colspan="2"></td><td>车顶右</td><td colspan="2"></td></tr>
<tr><td>左 A 柱</td><td colspan="2"></td><td>左 B 柱</td><td colspan="2"></td></tr>
<tr><td>右 A 柱</td><td colspan="2"></td><td>右 B 柱</td><td colspan="2"></td></tr>
<tr><td>左 C 柱</td><td colspan="2"></td><td rowspan="2">门框下边梁</td><td rowspan="2" colspan="2"></td></tr>
<tr><td>右 C 柱</td><td colspan="2"></td></tr>
<tr><td rowspan="2">前保险杠</td><td rowspan="2" colspan="2"></td><td>左前照灯</td><td colspan="2"></td></tr>
<tr><td>右前照灯</td><td colspan="2"></td></tr>
<tr><td rowspan="2">后保险杠</td><td rowspan="2" colspan="2"></td><td>左尾灯</td><td colspan="2"></td></tr>
<tr><td>右尾灯</td><td colspan="2"></td></tr>
<tr><td colspan="6">备注：</td></tr>
<tr><td rowspan="8">玻璃检查</td><td></td><td colspan="2">生产日期</td><td>是否有破损、更换</td><td colspan="2">检查结果</td></tr>
<tr><td>前风窗玻璃</td><td colspan="2"></td><td></td><td colspan="2"></td></tr>
<tr><td>后风窗玻璃</td><td colspan="2"></td><td></td><td colspan="2"></td></tr>
<tr><td>左前门风窗玻璃</td><td colspan="2"></td><td></td><td colspan="2"></td></tr>
<tr><td>右前门风窗玻璃</td><td colspan="2"></td><td></td><td colspan="2"></td></tr>
<tr><td>左后门风窗玻璃</td><td colspan="2"></td><td></td><td colspan="2"></td></tr>
<tr><td>右后门风窗玻璃</td><td colspan="2"></td><td></td><td colspan="2"></td></tr>
<tr><td colspan="6">备注：</td></tr>
</table>

（二）实施 2

利用检测工具对实训车辆的发动机舱进行静态检查，并将检查结果填表 10–3 中。

表 10–3　二手车发动机舱静态检查

<table>
<tr><td rowspan="2">核对凭证</td><td>证件</td><td colspan="4">□ 原始发票　□ 登记证书　□ 行驶证　□ 法人代码或身份证　□ 其他</td></tr>
<tr><td>税费</td><td colspan="4">□ 购置税　□ 车船税　□ 保险费　□ 其他</td></tr>
<tr><td rowspan="5">检查车辆情况</td><td>厂牌型号</td><td></td><td>车牌号</td><td>使用用途</td><td></td></tr>
<tr><td>车架号</td><td colspan="2"></td><td>发动机号</td><td></td></tr>
<tr><td>座位 / 排量</td><td colspan="2"></td><td>燃料种类</td><td></td></tr>
<tr><td>车辆出厂日期</td><td colspan="2"></td><td>车身颜色</td><td></td></tr>
<tr><td>已使用年限</td><td>年　月</td><td colspan="2">累计行驶里程（万千米）</td><td></td></tr>
<tr><td>检查项目</td><td>检查内容</td><td>检查结果</td><td>检查内容</td><td>检查结果</td><td></td></tr>
<tr><td rowspan="9">发动机舱检查</td><td>发动机舱盖固定螺栓</td><td></td><td>前翼子板固定螺栓</td><td></td><td></td></tr>
<tr><td>发动机舱盖边缘</td><td></td><td>前翼子板</td><td></td><td></td></tr>
<tr><td>发动机舱盖锁扣</td><td></td><td>前照灯</td><td></td><td></td></tr>
<tr><td>散热器框架</td><td></td><td>散热风扇</td><td></td><td></td></tr>
<tr><td>散热器</td><td></td><td>前纵梁</td><td></td><td></td></tr>
<tr><td>减振器安装座</td><td></td><td>发动机悬置固定螺栓</td><td></td><td></td></tr>
<tr><td>气门室罩盖</td><td></td><td>发动机线束</td><td></td><td></td></tr>
<tr><td>发动机前后端及变速器</td><td></td><td>发电机</td><td></td><td></td></tr>
<tr><td colspan="5">备注：</td></tr>
<tr><td rowspan="7">发动机舱保养类检查</td><td>检查内容</td><td>检查结果</td><td>检查内容</td><td>检查结果</td><td></td></tr>
<tr><td>机油液面</td><td></td><td>制动液液面</td><td></td><td></td></tr>
<tr><td>机油质量</td><td></td><td>制动液质量</td><td></td><td></td></tr>
<tr><td>冷却液液面</td><td></td><td>转向助力油液面</td><td></td><td></td></tr>
<tr><td>冷却液质量</td><td></td><td>转向助力油质量</td><td></td><td></td></tr>
<tr><td>蓄电池质量</td><td></td><td>发动机传动带质量</td><td></td><td></td></tr>
<tr><td colspan="5">备注：</td></tr>
</table>

（三）实施 3

按照正确步骤对实训车辆的发动机进行动态检查，并将检查结果填入表 10–4 中。

表 10–4　二手车发动机动态检查

<table>
<tr><td>检查项目</td><td>检查内容</td><td>检查结果</td></tr>
<tr><td rowspan="4">发动机动态检查</td><td>发动机故障灯</td><td></td></tr>
<tr><td>怠速转速</td><td></td></tr>
<tr><td>怠速声音</td><td></td></tr>
<tr><td>中速声音</td><td></td></tr>
</table>

续表

检查项目	检查内容	检查结果
发动机动态检查	高速声音	
	怠速抖动	
	中速抖动	
	高速抖动	
	备注：	

（四）实施 4

按照正确步骤对实训车辆的驾驶舱及行李舱进行检查，并将检查结果填入表 10-5 中。

表 10-5　二手车驾驶舱及行李舱检查

<table>
<tr><td rowspan="2">核对凭证</td><td>证件</td><td colspan="6">□ 原始发票　□ 登记证书　□ 行驶证　□ 法人代码或身份证　□ 其他</td></tr>
<tr><td>税费</td><td colspan="6">□ 购置税　□ 车船税　□ 保险费　□ 其他</td></tr>
<tr><td rowspan="5">检查车辆情况</td><td>厂牌型号</td><td></td><td>车牌号</td><td></td><td>使用用途</td><td></td></tr>
<tr><td>车架号</td><td colspan="3"></td><td>发动机号</td><td></td></tr>
<tr><td>座位 / 排量</td><td colspan="3"></td><td>燃料种类</td><td></td></tr>
<tr><td>车辆出厂日期</td><td colspan="3"></td><td>车身颜色</td><td></td></tr>
<tr><td>已使用年限</td><td>年　　月</td><td colspan="3">累计行驶里程（万千米）</td><td></td></tr>
<tr><td colspan="2">检查内容</td><td>功能情况</td><td colspan="2">磨损痕迹</td><td colspan="2">清洁情况</td></tr>
<tr><td colspan="2">左前车门内饰板</td><td></td><td colspan="2"></td><td colspan="2"></td></tr>
<tr><td colspan="2">左后车门内饰板</td><td></td><td colspan="2"></td><td colspan="2"></td></tr>
<tr><td colspan="2">右前车门内饰板</td><td></td><td colspan="2"></td><td colspan="2"></td></tr>
<tr><td colspan="2">右后车门内饰板</td><td></td><td colspan="2"></td><td colspan="2"></td></tr>
<tr><td colspan="2">左前座椅</td><td></td><td colspan="2"></td><td colspan="2"></td></tr>
<tr><td colspan="2">右前座椅</td><td></td><td colspan="2"></td><td colspan="2"></td></tr>
<tr><td colspan="2">后座椅</td><td></td><td colspan="2"></td><td colspan="2"></td></tr>
<tr><td colspan="2">安全带</td><td></td><td colspan="2"></td><td colspan="2"></td></tr>
<tr><td colspan="2">点烟器</td><td></td><td colspan="2"></td><td colspan="2"></td></tr>
<tr><td colspan="2">天窗</td><td></td><td colspan="2"></td><td colspan="2"></td></tr>
<tr><td colspan="2">顶棚</td><td></td><td colspan="2"></td><td colspan="2"></td></tr>
<tr><td colspan="2">转向盘</td><td></td><td colspan="2"></td><td colspan="2"></td></tr>
<tr><td colspan="2">仪表盘</td><td></td><td colspan="2"></td><td colspan="2"></td></tr>
<tr><td colspan="2">空调</td><td></td><td colspan="2"></td><td colspan="2"></td></tr>
<tr><td colspan="2">中控台</td><td></td><td colspan="2"></td><td colspan="2"></td></tr>
<tr><td colspan="2">换挡杆</td><td></td><td colspan="2"></td><td colspan="2"></td></tr>
<tr><td colspan="2">中央扶手</td><td></td><td colspan="2"></td><td colspan="2"></td></tr>
</table>

续表

检查内容	功能情况	磨损痕迹	清洁情况
储物箱			
阅读灯			
灯控开关			
刮水器开关			
座椅底部			
地毯			
方向管柱			
制动踏板			
加速踏板			
行李舱			
电控系统故障码			
备注：			

（五）实施 5

按照正确步骤对实训车辆进行事故车、水淹车、火烧车排查，并将检查结果填入表 10–6 中。

表 10–6　事故车、水淹车、火烧车排查

事故车排查			
序号	检测点	注意事项	检查结果
1	车辆前部		
2	车辆左侧		
3	车辆右侧		
4	车辆后部		
5	车辆底部		
水淹车排查			
序号	检测点	注意事项	检查结果
1	发动机各机械部件		
2	保险盒		
3	散热器及冷凝器		
4	车内气味		
5	安全带		
6	座椅填充物		
7	安全带插孔、点烟器插孔和座椅底部金属件		
8	仪表盘、电线及其接头处		

续表

火烧车排查			
序号	检测点	注意事项	检查结果
1	保险盒		
2	车身覆盖件		
3	发动机线束		
4	防火墙		

（六）实施 6

按照要求对实训车辆进行拍照，并将每张照片的简单说明填入表 10-7 中。

表 10-7　二手车现场检测照片记录

车辆外观全景照片			
正前	左前	左	左后
正后	右前	右	右后
车辆外观特写照片			
左前	右前	左后	右后
轮胎	尾标		
发动机舱全景照片			
发动机舱	发动机		
发动机舱特写照片			
发动机正面	发动机左	发动机右	发动机气门室罩盖
驾驶舱及行李舱全景照片			
中控台	天窗	前座椅	前车门
后座椅	后车门	行李舱	
驾驶舱及行李舱特写照片			
转向盘	仪表盘	多媒体和空调控制面板	玻璃升降开关
换挡杆	加速及制动（离合）踏板	安全带	车门密封胶条

续表

底盘全景照片			
底盘	底盘前部	底盘后部	
底盘特写照片			
发动机油底壳	变速器油底壳	前纵梁（底部角度）	传动轴
前悬架	后悬架	轮胎和轮毂	

五、相互展示

各小组轮流展示任务完成结果，学员根据各组完成情况分析存在的问题，并将结果填入表 10-8 中。

表 10-8 展示结果记录

组别	存在的问题

六、课堂小结

任务十一　现场检测报告编写

现场检测报告编写任务工单						
客户信息	客户姓名		联系电话		评估日期	
车辆基本信息	厂牌		出厂日期		上牌日期	
	型号		VIN 码		车身颜色	
	强制险日期		凭证	□ 号牌　□ 行驶证　□ 登记证书　□ 保险单　□ 其他		
任务信息	选择目标二手车 □ 二手车驾驶舱及行李舱检查 □ 现场检测报告编写 □ 客户沟通与价格评估 □ 备注：	二手车基本检查 □ 二手车底盘检查 □ 二手车价格确定 □	二手车发动机舱检查 □ 现场检测与车辆拍照 □ 二手车过户 □			

车辆外观检查		车辆结构件检查	
凹凸 □ 划痕 □ 石击 □ 油漆 □	前保险杠、左前翼子板、发动机舱、右前翼子板、左前门、右前门、车顶、左后门、右后门、左后翼子板、右后翼子板、行李舱、后保险杠	变形 □ 扭曲 □ 钣金 □ 更换 □	1—左A柱　5—右B柱　9—左前减振器悬挂部位 2—左B柱　6—右C柱　10—右前减振器悬挂部位 3—左C柱　7—左纵梁　11—左后减振器悬挂部位 4—右A柱　8—右纵梁　12—右后减振器悬挂部位
明确具体工作任务			

续表

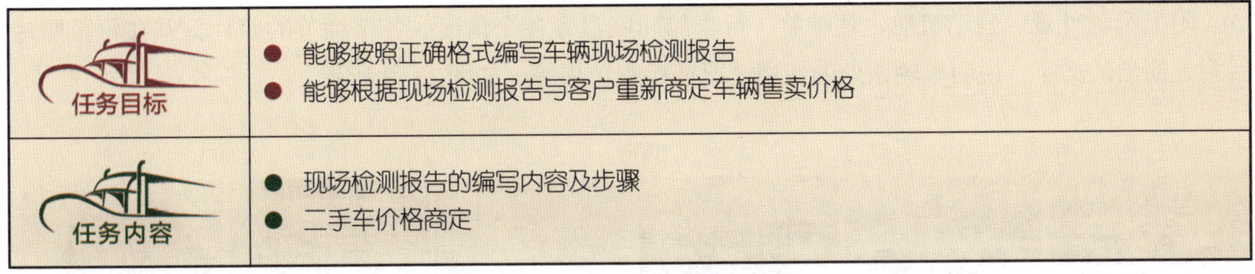

任务目标	● 能够按照正确格式编写车辆现场检测报告 ● 能够根据现场检测报告与客户重新商定车辆售卖价格
任务内容	● 现场检测报告的编写内容及步骤 ● 二手车价格商定

一、信息链接

(一)现场检测报告的编写内容及步骤

以某二手车交易平台为例，现场检测报告的编写内容及步骤如下。

1. 概述车辆质量检测结果

概述车辆质量检测结果，并列出检查事项，如图 11–1 所示。

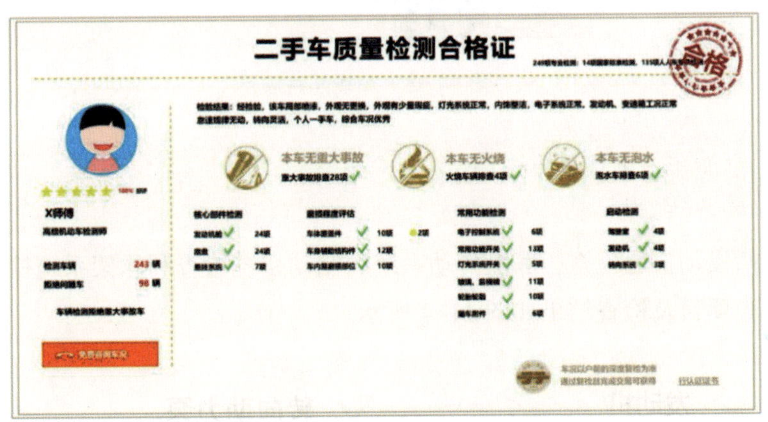

图 11–1 二手车质量检测结果

2. 列出车辆手续信息及车况评价

列出车辆手续信息及车主对车辆情况的评价，如图 11–2 所示。

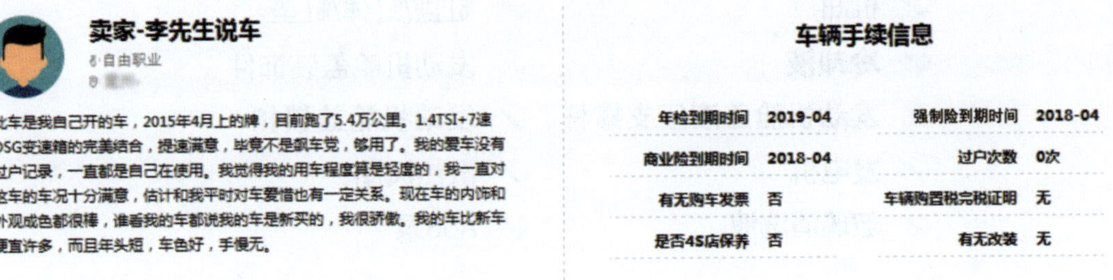

图 11–2 车辆手续信息及车主对车辆情况的评价

3. 车辆照片展示

附上车辆外观、发动机舱、驾驶舱、行李舱和底盘等各个角度、各个细节的照片，并在每张照片后附上简洁的文字，说明车辆该处的使用情况或检查结果等，如图 11-3 所示。

图 11-3　车辆照片展示

4. 写明事故车、水淹车、火烧车排查情况

5. 写明核心部件检查结果

核心部件检查包括发动机舱检查，底盘传动系统、制动系统检查和悬架系统检查等。

（1）发动机舱检查项目及检查结果如图 11-4 所示。

✔ 发动机	✔ 转向助力泵
✔ 制动液	✔ ECU
✔ 蓄电池	✔ 涡轮增压系统
✔ 散热器框架	✔ 散热器
✔ 冷却液泵	✔ 气门室罩盖
✔ 传动带张紧轮	✔ 传动带
✔ 空调压缩机	✔ 节气门
✔ 机油	✔ 缸盖/缸体/缸垫
✔ 冷却液	✔ 发动机舱盖装饰件
✔ 发动机舱盖液压支撑杆	✔ 发动机舱盖锁扣
✔ 发电机	✔ 散热风扇
✔ 玻璃清洗液	✔ ABS泵

图 11-4　发动机舱检查项目及检查结果

（2）底盘传动系统、制动系统检查项目及检查结果如图 11-5 所示。

✓ 制动总泵	✓ 制动钳
✓ 制动分泵	✓ 冷却液管
✓ 三元催化	✓ 排气管
✓ 离合器总泵	✓ 冷却系统
✓ 冷凝器	✓ 空调高低压管
✓ 进油管	✓ 机油滤芯外观
✓ 回油管	✓ 分动器
✓ 发动机油底壳	✓ 发动机下护板
✓ 发动机下部	✓ 发动机机爪
✓ 发动机变速箱接合处	✓ 传动轴/十字轴
✓ 车轮轴承	✓ 制动液管
✓ 变速箱	✓ 半轴

图 11-5 底盘传动系统、制动系统检查项目及检查结果

（3）悬架系统检查项目及检查结果如图 11-6 所示。

✓ 前后平衡杆	✓ 前后控制臂
✓ 右前减振器	✓ 左后减振器
✓ 右后减振器	✓ 减振器/减振器弹簧
✓ 左前减振器	

图 11-6 悬架系统检查项目及检查结果

6. 写明易损件、常用件磨损情况检查结果（见图 11-7）

车身覆盖件

10项 正常 2项 异常

✓ 左前翼子板	✓ 左后翼子板
✓ 右前翼子板	✓ 右后翼子板
✓ 左前车门	✓ 左后车门
✓ 右前车门	✓ 右后车门
✓ 行李舱盖	! 前保险杠
! 后保险杠	✓ 发动机舱盖表面

车身辅助结构件

12项 正常

✓ 行李舱围板	✓ 行李舱底板
✓ 车顶内饰板	✓ 左前翼子板内衬板
✓ 右前翼子板内衬板	✓ 左后翼子板内衬板
✓ 右后翼子板内衬板	✓ 右后门内饰板
✓ 左后门内饰板	✓ 右前门内饰板
✓ 左前门内饰板	✓ 车轮内衬护板

车内易磨损部位

10项 正常

✓ 后排座椅	✓ 中控台
✓ 中央扶手	✓ 储物箱
✓ 换挡杆/护套	✓ 转向盘
✓ 副驾驶座椅	✓ 主驾驶座椅
✓ 车内地胶（毯）	✓ 仪表台

图 11-7 易损件及常用件检查项目及检查结果

7. 写明其他功能部件检查结果（见图 11-8）

电子控制系统

6项 正常

- 安全带报警功能
- 空调出风系统
- 空调制热系统
- 空调制冷系统
- 空调内外循环系统
- 多媒体

常用功能开关

13项 正常

- 行李舱液压支撑杆
- 儿童锁
- 车内中控锁
- 遮阳帘闭合
- 敞篷闭合
- 油箱盖
- 玻璃升降
- 前刮水器
- 后刮水器
- 点烟器
- 转向盘调节
- 转向盘按键
- 车内喇叭

灯光系统

5项 正常

- 室内灯调节功能
- 右前照灯
- 前雾灯/转向灯
- 左前照灯
- 尾灯

玻璃、后视镜

11项 正常

- 外后视镜
- 左后视镜
- 右后视镜
- 车内后视镜
- 天窗
- 右后门风窗玻璃
- 右前门风窗玻璃
- 左后门风窗玻璃
- 左前门风窗玻璃
- 前风窗玻璃
- 后风窗玻璃

轮胎轮毂

10项 正常

- 制动盘
- 制动片
- 右后轮毂
- 右前轮毂
- 左后轮毂
- 左前轮毂
- 右后轮胎
- 右前轮胎
- 左后轮胎
- 左前轮胎

随车附件

6项 正常

- 遥控钥匙
- 千斤顶
- 随车工具
- 三角警示牌
- 灭火器
- 备胎

图 11-8 其他功能部件检查项目及检查结果

8. 写明车辆启动检查和动态检查结果（见图 11-9）

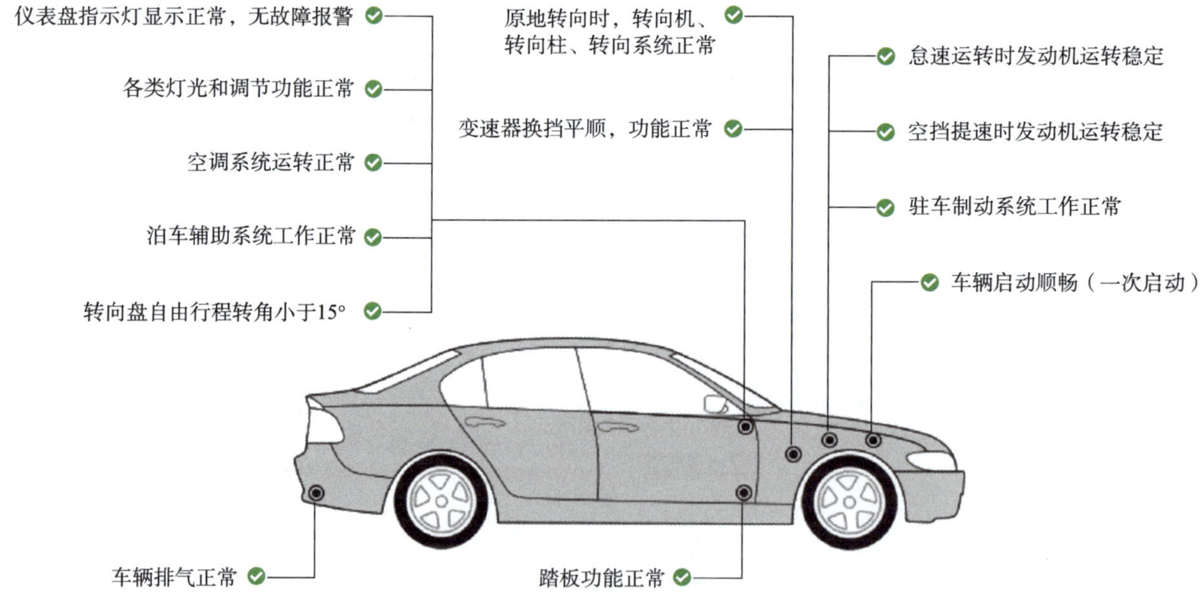

图 11-9 车辆启动检查和动态检查项目及检查结果

（二）二手车价格商定

在进行二手车现场检测后，要与卖家沟通，使之了解以下内容。

（1）二手车交易平台评估价格多采用现行市价法，卖家应了解该款车型目前的市场价格区间。

（2）让卖家知悉并确认现场检查结果，充分了解所卖车辆的真实车况。

（3）根据市场价格区间和综合车况，计算出建议卖家出售价格，并告知卖家受买家咨询量、市场成交量波动等影响，最终成交价格会有相应波动。

二、任务分配

每 5 人一组，每组推荐组长，组长对小组任务进行分配。组员按组长要求完成相关任务，并将自己在小组内的分工及个人任务内容填入表 11–1 中。

表 11–1 任务分配

任务	组长	人员分工	具体任务
编写二手车现场检测报告			

三、任务实施

（一）实施 1

依据前期对实训车辆的检查情况，按照以下步骤（可更改）编写现场检测报告。

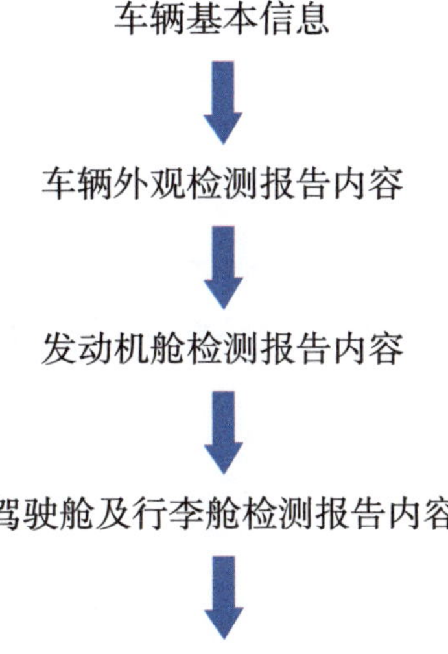

（二）实施 2

根据检测报告，使用角色扮演法，与卖家商定二手车价格。

四、相互展示

各小组轮流展示任务完成结果，学员根据各组完成情况分析存在的问题，并将结果填入表 11-2 中。

表 11-2　展示结果记录

组别	存在的问题

五、课堂小结

情境二

二手车价格评估与交易

任务十二　二手车价格确定

<table>
<tr><th colspan="6">二手车价格确定任务工单</th></tr>
<tr><td>客户信息</td><td>客户姓名</td><td></td><td>联系电话</td><td></td><td>评估日期</td><td></td></tr>
<tr><td rowspan="3">车辆基本信息</td><td>厂牌</td><td></td><td>出厂日期</td><td></td><td>上牌日期</td><td></td></tr>
<tr><td>型号</td><td></td><td>VIN 码</td><td></td><td>车身颜色</td><td></td></tr>
<tr><td>强制险日期</td><td></td><td>凭证</td><td colspan="3">□ 号牌　□ 行驶证　□ 登记证书　□ 保险单　□ 其他</td></tr>
<tr><td>任务信息</td><td colspan="6">选择目标二手车 □　二手车基本检查 □　二手车发动机舱检查 □
二手车驾驶舱及行李舱检查 □　二手车底盘检查 □　现场检测与车辆拍照 □
现场检测报告编写 □　二手车价格确定 □　二手车过户 □
客户沟通与价格评估 □
备注：</td></tr>
<tr><th colspan="3">车辆外观检查</th><th colspan="4">车辆结构件检查</th></tr>
<tr><td>凹凸 □</td><td colspan="2" rowspan="4">前保险杠　左前翼子板　发动机舱　右前翼子板　左前门　右前门　车顶　左后门　右后门　左后翼子板　右后翼子板　行李舱　后保险杠</td><td>变形 □</td><td colspan="3" rowspan="4">1—左A柱　5—右B柱　9—左前减振器悬挂部位
2—左B柱　6—右C柱　10—右前减振器悬挂部位
3—左C柱　7—左纵梁　11—左后减振器悬挂部位
4—右A柱　8—右纵梁　12—右后减振器悬挂部位</td></tr>
<tr><td>划痕 □</td><td>扭曲 □</td></tr>
<tr><td>石击 □</td><td>钣金 □</td></tr>
<tr><td>油漆 □</td><td>更换 □</td></tr>
<tr><td>明确具体工作任务</td><td colspan="6"></td></tr>
</table>

续表

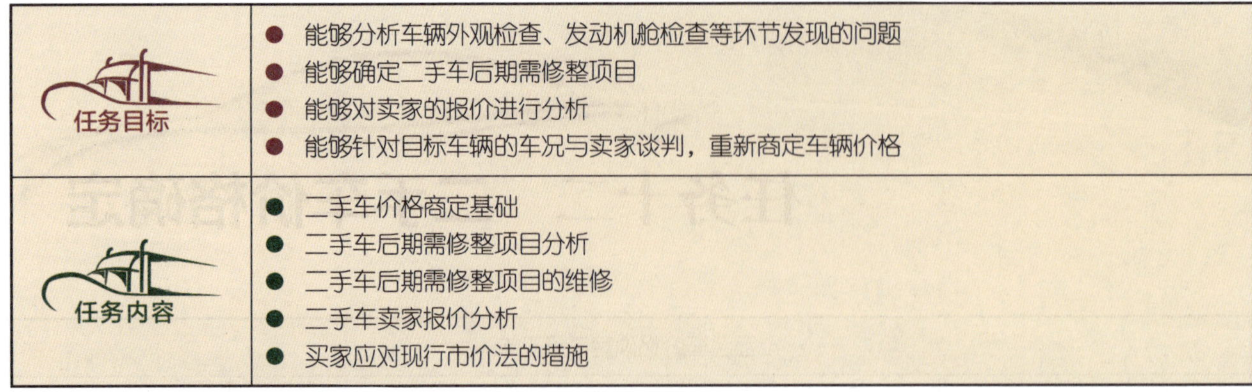

任务目标	● 能够分析车辆外观检查、发动机舱检查等环节发现的问题 ● 能够确定二手车后期需修整项目 ● 能够对卖家的报价进行分析 ● 能够针对目标车辆的车况与卖家谈判，重新商定车辆价格
任务内容	● 二手车价格商定基础 ● 二手车后期需修整项目分析 ● 二手车后期需修整项目的维修 ● 二手车卖家报价分析 ● 买家应对现行市价法的措施

一、信息链接

（一）二手车价格商定基础

事故车定义回顾：

（1）经过撞击损伤到发动机舱和驾驶舱的车辆。

（2）车身后翼子板撞击损伤超过三分之一的车辆。

（3）纵梁有焊接、切割、整形、变形的车辆。

（4）减振器安装座有焊接、切割、整形、变形的车辆。

（5）A 柱、B 柱、C 柱有焊接、切割、整形、变形的车辆。

（6）因撞击造成汽车安全气囊弹出的车辆。

（7）其他不可拆卸部分有严重的焊接、切割、整形、变形的车辆。

（8）超过车身二分之一经水浸泡或积水进入驾驶舱的车辆。

（9）车身经火焚烧超过 0.5 m^2，经修复仍存在安全隐患的车辆。

车辆符合以上情景中的任何一条，即属事故车，不建议购买。但是汽车作为常用的交通工具，难免发生一些上述事故车范畴外的小事故，也会出现使用过程中功能性或者保养类的问题。这些问题虽然不直接影响车辆的性能，但是也需要买家购买后进行维修处理，因此也应计入买家购车费用里，买家可以据此与卖家重新商定价格。如果想以尽可能低的价格购买二手车，就需要买家能够检查发现这些后期需要修复的问题并估算出修复这些问题的大致费用。

（二）二手车后期需修整项目分析

二手车后期需修整项目通常可以分为事故类项目、机械类项目、保养类项目和功能类项目。

1. 事故类项目

事故类项目比较常见的是一些小碰撞事故、剐蹭事故造成的损伤，如保险杠剐蹭未修复、前照灯或尾灯破损未修复（见图 12–1）等。比较严重的事故类损伤在卖家卖车时大多已经被修复，只能通过检查更换痕迹来判断事故状况。

2. 机械类项目

机械类项目是指车辆正常使用过程中零部件发生的老化、变形、锈蚀、开裂、渗油等问题，如发动机气门室罩盖垫渗油、空调出风口开裂、排气管生锈等。

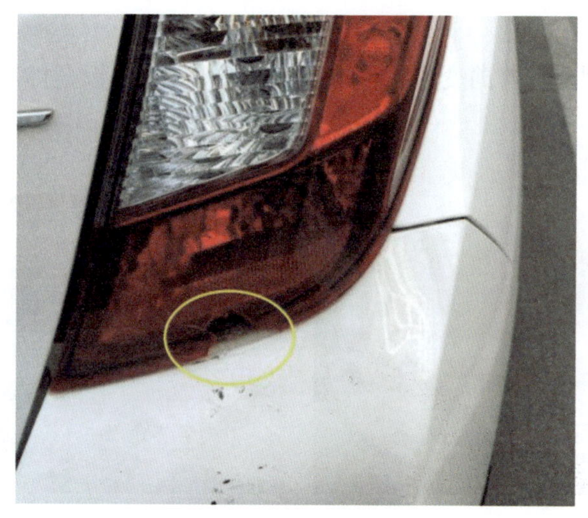

图 12-1 尾灯损坏

3. 保养类项目

保养类项目是指日常保养件存在的问题，如发动机机油、冷却液、制动液、转向助力油、蓄电池等存量不足或质量不达标（冷却液、制动液、蓄电池的检查要点如图 12-2 所示），以及轮胎、制动片磨损严重等。

图 12-2 冷却液、制动液、蓄电池的检查要点

4. 功能类项目

功能类项目是指功能部件出现的问题，如电动座椅、转向盘、多媒体系统、空调、电动门窗等部件功能异常且未修复。

（三）二手车后期需修整项目的维修

站在买家立场，对于汽车常损零部件如车身外围钣金件、保险杠塑料件、机械类零部件、电器件等的维修应尽量采取更换新件的方式。具体维修原则如下。

1. 钣金件

对于钣金件的维修原则是“弯曲变形就修，折曲变形就换”，钣金件弯曲和折曲的区别如图 12-3 所示。

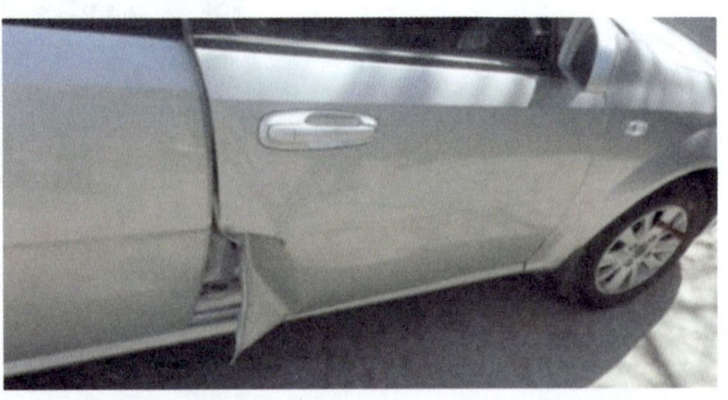

图 12-3　钣金件的弯曲和折曲

2. 塑料件

如燃油箱及其他安全结构件损坏，则必须更换；应力集中、整体破碎的塑料件也需更换；价格较低、更换方便的塑料件建议更换；表面无漆面且表面光洁度要求较高的塑料件也建议更换。

3. 机械类零部件

对于行驶、制动、转向、传动系统目测发现的机械类零部件损坏，因涉及车辆安全，需更换。

4. 电器件

对于电器件的维修需进行故障诊断后才能确定维修方案，一般而言，若是控制开关、线束或者执行机构损坏，则建议更换。

（四）二手车卖家报价分析

目前大多数二手车是通过二手车经销商或者二手车交易平台明码标价进行销售的，普通买家最后的成交价格一般都是在卖家定价的基础上经过讨价还价后确定的，而卖家的定价方法普遍采用的是现行市价法。

1. 现行市价法介绍

现行市价法又称市场法或市场价格比较法，是以市场最近售出类似车辆的价格作为参照，将被评估车辆与参照车的配置、功能、性能、行驶里程、使用年限等进行比较，找出两者的差别，适当调整后最终得出的车辆价格。

2. 现行市价法的价格影响因素

现行市价法的价格影响因素主要是二手车市场中该车型的保有量，以及寻求该车型的买家数量，保有量越少买家越多，价格就越高。

（五）买家应对现行市价法的措施

目前我国二手车市场相关法律法规还未健全，车辆信息尚未能做到完全公开透明，所以普通买家很难获知目标车型的准确成交参照价格以及目标车辆的真实状况，这就需要买家多了解一些应对现行市价法的方法。

（1）购买二手车时货比三家，摸清目标车型大致的市场价格。

（2）多掌握一些二手车鉴定知识，以方便判断出目标车辆的真实状况，如是否是事故车，是否发生过碰撞，车辆修复得怎么样，是否有影响安全行驶的隐患。

（3）确定目标车辆未发生影响车辆性能的事故后，对车辆外观、发动机舱、驾驶舱和行李舱、底盘等进行检查并记录车辆存在的问题。

（4）根据检查结果，确定车辆后期需修整的项目，估算大致的后期投入费用，再用卖家的价格减去预估的后期投入费用，得出买家价格，最后与卖家协商确定最终成交价格。

二、任务准备

在下列图片中勾选出完成本次任务所需的物品。

笔记本电脑	读卡器	冰点测试仪
漆面检测仪	举升机	汽车空调温度计
手电筒	通用诊断仪	相机
制动液测试仪	蓄电池检测仪	实训车辆

手持砂轮机	号牌螺栓	桌牌

三、防护措施

（1）进入车间应穿工鞋、戴工帽；工作服应整齐，无破损；操作时不可佩戴手表等金属饰品，以防划伤车辆表面。

（2）检查发动机舱或冷凝器时，应关闭点火开关并确保散热风扇已停止运转。

（3）启动发动机前，一定要检查发动机舱有无异常并通知其他人。

（4）进行车辆电器系统检查时，注意不可长时间开启电器，以免蓄电池过度消耗。

四、任务分配

每 5 人一组，每组推荐组长，组长对小组任务进行分配。组员按组长要求完成相关任务，并将自己在小组内的分工及个人任务内容填入表 12–1 中。

表 12–1　任务分配

任务	组长	人员分工	具体任务
对被评估车辆进行价格估算			

五、任务实施

（一）实施 1

根据实训车辆情况，运用现行市价法进行估价，并将检查过程和评测结果填入表 12–2 中。

表 12–2　二手车估价

核对凭证	证件	□ 原始发票　□ 登记证书　□ 行驶证　□ 法人代码或身份证　□ 其他
	税费	□ 购置税　□ 车船税　□ 保险费　□ 其他

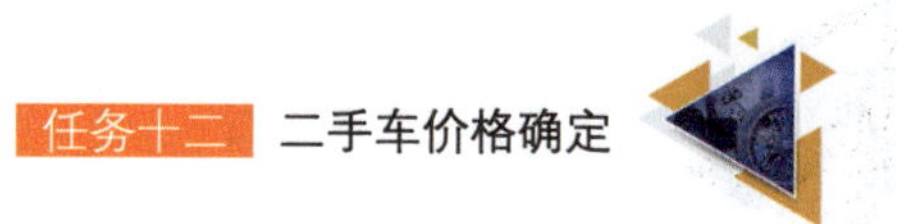

续表

<table>
<tr><td rowspan="5">检查车辆情况</td><td>厂牌型号</td><td></td><td>车牌号</td><td></td><td>使用用途</td><td></td></tr>
<tr><td>车架号</td><td colspan="4"></td><td>发动机号</td><td></td></tr>
<tr><td>座位 / 排量</td><td colspan="4"></td><td>燃料种类</td><td></td></tr>
<tr><td>车辆出厂日期</td><td colspan="4"></td><td>车身颜色</td><td></td></tr>
<tr><td>已使用年限</td><td>年　　月</td><td colspan="4">累计行驶里程（万千米）</td><td></td></tr>
<tr><td colspan="8">车辆总体检查概述：</td></tr>
<tr><td colspan="2">检查项目</td><td>检查出的问题项</td><td>问题描述</td><td>预估维修方式</td><td>大致费用估算</td></tr>
<tr><td colspan="2" rowspan="5">车身外观</td><td></td><td></td><td></td><td></td></tr>
<tr><td></td><td></td><td></td><td></td></tr>
<tr><td></td><td></td><td></td><td></td></tr>
<tr><td></td><td></td><td></td><td></td></tr>
<tr><td></td><td></td><td></td><td></td></tr>
<tr><td colspan="2" rowspan="5">发动机舱</td><td></td><td></td><td></td><td></td></tr>
<tr><td></td><td></td><td></td><td></td></tr>
<tr><td></td><td></td><td></td><td></td></tr>
<tr><td></td><td></td><td></td><td></td></tr>
<tr><td></td><td></td><td></td><td></td></tr>
<tr><td colspan="2" rowspan="5">驾驶舱及行李舱</td><td></td><td></td><td></td><td></td></tr>
<tr><td></td><td></td><td></td><td></td></tr>
<tr><td></td><td></td><td></td><td></td></tr>
<tr><td></td><td></td><td></td><td></td></tr>
<tr><td></td><td></td><td></td><td></td></tr>
<tr><td colspan="2" rowspan="5">底盘</td><td></td><td></td><td></td><td></td></tr>
<tr><td></td><td></td><td></td><td></td></tr>
<tr><td></td><td></td><td></td><td></td></tr>
<tr><td></td><td></td><td></td><td></td></tr>
<tr><td></td><td></td><td></td><td></td></tr>
<tr><td colspan="2" rowspan="5">其他</td><td></td><td></td><td></td><td></td></tr>
<tr><td></td><td></td><td></td><td></td></tr>
<tr><td></td><td></td><td></td><td></td></tr>
<tr><td></td><td></td><td></td><td></td></tr>
<tr><td></td><td></td><td></td><td></td></tr>
<tr><td colspan="2"></td><td colspan="4">后期修整费用总计：</td></tr>
<tr><td colspan="6">参考车型</td></tr>
</table>

续表

车型年款信息	车辆配置对比情况	车况对比情况	参考价格
综上，按照现行市价法估算出来的车辆价格是：			

（二）实施 2

运用网络，查询并收集热门车型市场价格和车况信息，并将结果填入表 12–3 中。

表 12–3　热门二手车价格分析

任务内容	车型	年款描述	车况描述	价格
查询二手车市场热门车型指导价格				
	备注：			

六、相互展示

各小组轮流展示任务完成结果，学员根据各组完成情况分析存在的问题，并将结果填入表 12–4 中。

表 12–4　展示结果记录

组别	存在的问题

七、课堂小结

____

____

____

任务十三　二手车过户（一）

二手车过户任务工单——二手车交易合同签订					
客户信息	客户姓名		联系电话	评估日期	
车辆基本信息	厂牌		出厂日期	上牌日期	
	型号		VIN 码	车身颜色	
	强制险日期		凭证	□ 号牌　□ 行驶证　□ 登记证书　□ 保险单　□ 其他	
任务信息	选择目标二手车 □ 二手车驾驶舱及行李舱检查 □ 现场检测报告编写 □ 客户沟通与价格评估 □	二手车基本检查 □ 二手车底盘检查 □ 二手车价格确定 □	二手车发动机舱检查 □ 现场检测与车辆拍照 □ 二手车过户 □		
	备注：				

车辆外观检查		车辆结构件检查	
凹凸 □	前保险杠、发动机舱、左前翼子板、右前翼子板、左前门、右前门、车顶、左后门、右后门、左后翼子板、右后翼子板、行李舱、后保险杠	变形 □	1—左A柱　5—右B柱　9—左前减振器悬挂部位 2—左B柱　6—右C柱　10—右前减振器悬挂部位 3—左C柱　7—左纵梁　11—左后减振器悬挂部位 4—右A柱　8—右纵梁　12—右后减振器悬挂部位
划痕 □		扭曲 □	
石击 □		钣金 □	
油漆 □		更换 □	
明确具体工作任务			

续表

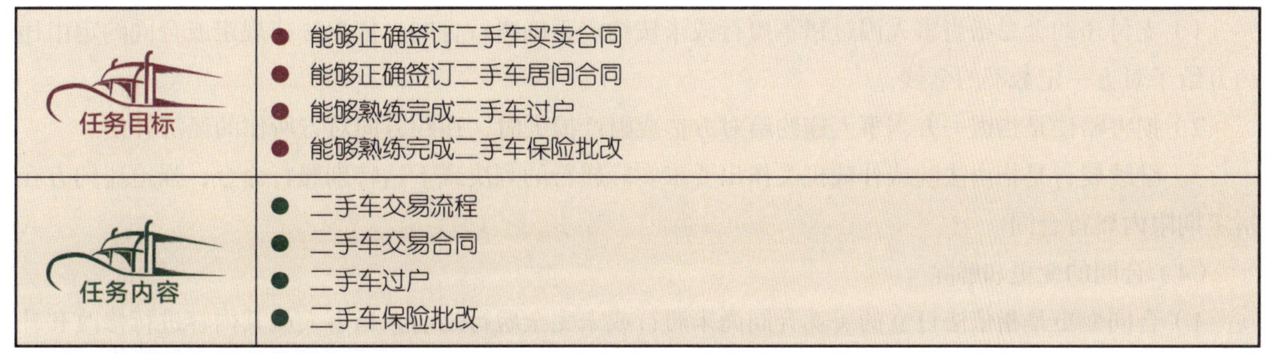

任务目标	● 能够正确签订二手车买卖合同 ● 能够正确签订二手车居间合同 ● 能够熟练完成二手车过户 ● 能够熟练完成二手车保险批改
任务内容	● 二手车交易流程 ● 二手车交易合同 ● 二手车过户 ● 二手车保险批改

一、信息链接

（一）二手车交易流程

在选定二手车并商谈好成交价格后，根据《二手车流通管理办法》规定，为了分清买卖双方各自的责任和义务，避免后期纠纷，买卖双方应该签订交易合同，然后根据合同约定付款（付款可以在过户前，也可以在过户后），最后办理二手车过户和二手车保险批改手续。

（二）二手车交易合同

二手车交易合同根据交易类型不同可分为二手车买卖合同和二手车居间合同两种。无论是哪一种交易合同都必须遵守合法原则和平等互利原则，即合同必须遵守国家法律和行政法规，合同的内容、形式只有与法律法规相符合，才会具有法律效力，当事人的合法权益才能得到保护；双方当事人法律地位一律平等，合同应当是在当事人充分协商、意见一致的基础上确定的，胁迫、违背当事人真实意图签订的合同都是无效的。

1. 二手车买卖合同

（1）买卖合同的主体

买卖合同的主体包括出让人（出售方）和受让人（购买方）。

（2）买卖合同的主要内容

1）出让人的基本情况，包括单位代码（单位出让）、出让人或代办人姓名、身份证号码、地址、联系电话等内容。

2）受让人的基本情况，包括单位代码（单位购买）、受让人或代办人姓名、身份证号码、地址、联系电话等内容。

3）车辆情况，包括车辆型号、生产厂家、出厂日期、颜色、行驶里程、车架号、发动机号等内容，以及车辆特有的配置，例如天窗、导航、自动泊车等内容。

4）车辆法定信息情况，包括初次登记日期、登记车辆号牌、机动车行驶证、机动车安全技术检验合格标志、车辆强制险、车辆营运证（营运车辆）等内容。

5）车辆成交价格、车款支付时间及支付方式等内容。

6）过户费用由哪一方承担，过户过程双方责任等内容。

（3）违约责任

违约责任是指合同一方由于自己的过错造成合同不能履行或不能完全履行，依据法律规定或合同

约定必须承受的法律责任。承担违约责任的方式一般有支付违约金、损害赔偿和继续履行。

1）支付违约金是指当事人因过错不履行或未按约定正确履行合同，依据法律规定或合同约定由违约方给予对方一定数额的金钱。

2）损害赔偿是指因一方当事人违约给对方造成财产损失时，违约方向对方所作的经济补偿。

3）继续履行是指由法院或仲裁机关作出要求实际履行的判决或下达特别履行命令，强迫违约方在指定期限内履行合同。

（4）合同的变更和解除

1）合同变更是指依法订立的买卖合同尚未履行或未完全履行之前，当事人就其内容进行修改和补充而达成的协议，前提是双方当事人协商一致。

2）合同解除是指合同订立后，没有履行或未完全履行之前，当事人依法提前终止合同。

3）合同变更和解除的条件：当事人双方协商同意，并且不违法；由于不可抗力致使合同无法履行；由于一方未按约定履行合同。

（5）合同纠纷处理方式

合同纠纷是指合同双方当事人对合同履行状况及不履行产生的后果意见不一致，产生争议。合同纠纷有四种处理方式：协商解决、调解解决、仲裁、诉讼。

2. 二手车居间合同

二手车居间合同是指居间人（二手车中介公司）与委托人（车辆出让人和车辆受让人）相互之间为实现二手车交易的目的，明确相互权利义务关系所订立的协议。简单来说，二手车居间合同就是二手车中介与买卖双方签订的合同。

相对于二手车买卖合同，二手车居间合同有以下不同。

（1）二手车买卖合同只有买卖双方当事人，而二手车居间合同有买卖双方以及居间方三方当事人，要求居间方为合法拥有二手车中介交易资质的二手车经纪公司。

（2）二手车居间合同增加了居间方在交易过程中所承担的义务、权利等内容。

（3）二手车居间合同通常会涉及佣金（也可称为服务费或者报酬），由委托人支付给居间方。

（三）二手车过户

车辆交易属于产权交易范畴，所以二手车交易必须办理机动车产权转移登记手续，即完成二手车过户才能算是合法交易。车辆法定登记手续包括“机动车登记证书”“机动车行驶证”和机动车号牌。

如图 13–1 所示，根据买卖双方是否在同一车辆管理所管辖区内，二手车转移登记手续可分为同城转移登记和异地转移登记。二手车同城转移登记手续应当在原车辆注册登记所在地公安交管部门办理；异地转移登记应当在车辆原属地公安交管部门办理车辆转出手续，然后在接收地公安交管部门办理车辆转入手续。

1. 二手车过户所需证件及材料

在办理二手车过户手续时，根据买卖双方身份不同、车辆转移登记地点不同，所需手续和证件也不相同。一般情况下，办理二手车过户时所需证件及材料如下。

（1）常规二手车过户所需证件及材料

1）有效期内的卖方身份证原件（或单位法人代码证件原件）及复印件。

2）有效期内的买方身份证原件（或单位法人代码证件原件）及复印件。

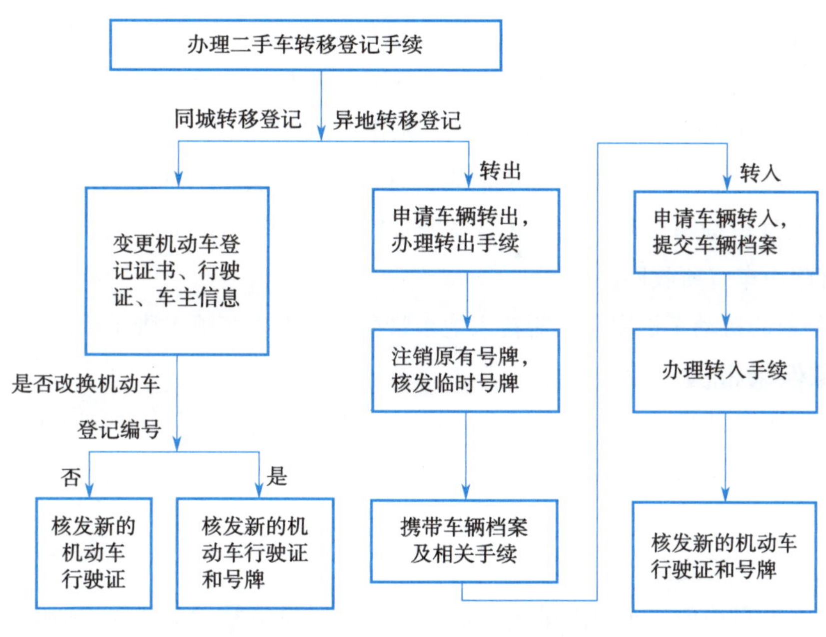

图 13-1 二手车交易流程

3）车辆原始购置发票或上次过户发票原件及复印件。

4）过户车辆的机动车登记证书原件及复印件。

5）过户车辆的机动车行驶证原件及复印件。

6）二手车交易合同（三份或四份）。

（2）特殊情况说明

1）车辆转入地实行机动车购买户籍管理的地区，办理二手车过户手续时，外地户口买方（买方为个人）还需持暂住证或居住证。

2）车辆转入地实行小客车配置指标管理的地区，办理二手车过户手续时，买方还需提供个人或单位小客车配置指标原件及复印件。

3）亲戚之间的二手车交易也属于个人过户给个人的情况，所需证件及材料同上。

4）如果是夫妻间过户，只需携带结婚证、户口本、双方身份证、机动车行驶证、机动车登记证书、机动车发票以及要过户的车辆，到车管所填写申请表办理即可。

5）亲戚或朋友之间的车辆赠与需要到法定公证处公证后，携带公证证明、户口本、双方身份证、机动车行驶证、机动车登记证书、机动车发票以及要过户的车辆，到车管所填写申请表办理。

2. 二手车过户的基本流程

（1）二手车过户前的准备

办理二手车过户手续需要满足一定的条件：有合法来源和手续，无遗留银行质押和法院封存记录，无遗留交通违章和未处理事故记录，无遗留欠费记录，过户所需证件齐备。

办理二手车过户前要准备二手车交易合同三份（如果是居间合同应准备四份），买卖双方（以及居间方）各持一份，到工商部门备案（工商部门留存一份）。

（2）二手车过户流程

1）到过户大厅，出示相关材料，领取并填写《机动车过户、转出、转入登记申请表》。

2）将交易车辆行驶到过户验车处，工作人员会对车辆进行检查、拓号、拆牌和拍照，此时需缴纳相应的拓号费用。领取到车辆照片后，将其贴到检查记录表上，然后返回过户大厅缴纳过户费用。二手车过户费用由交易车辆的排量和使用年限决定，使用年限越长的汽车过户费用越低。

3）将《机动车过户、转出、转入登记申请表》、检查记录表、原登记证书、原行驶证、原车号牌、买卖双方身份证明及过户费用发票等交给过户办理窗口办理车辆过户手续，领取机动车档案。其中原行驶证和原车号牌将由车管所收回。

4）买方携带领取的机动车档案至车辆转入地车管所重新办理车辆上牌手续。

（四）二手车保险批改

机动车辆保险有关条款规定：机动车辆在转卖、转让后须到车管部门办理过户手续，再到保险公司办理保险批改手续，否则保险公司不承担赔偿责任。因此，为维护二手车购买方的合法利益，需要进行保险批改。

二手车保险批改的一般流程如下。

（1）由原投保人书写一份汽车保险批改申请书，注明保险单号、车牌号、新旧车主的姓名及批改原因，签字或盖章后交至保险公司，提出保险批改申请。

（2）二手车购买方携带原保险单和行驶证到保险公司的业务办理机构，填写由保险公司出具的变更被保险人批单，填写完批单交回保险公司，由保险公司修改投保人姓名，至此原保险合同解除，新保险合同成立。

（3）二手车保险批改需要在办理完登记证书车主信息变更，领取新的车辆号牌及行驶证之后进行。

（4）二手车异地交易的情况下，为方便处理也可将车辆的原保险退掉重新购买。

二、任务分配

每5人一组，每组推荐组长，组长对小组任务进行分配。组员按组长要求完成相关任务，并将自己在小组内的分工及个人任务内容填入表13-1中。

表13-1　任务分配

序号	任务	组长	人员分工	具体任务
1	签订二手车买卖合同			
2	签订二手车居间合同			

三、任务实施

（一）实施 1

根据组内分工，使用角色扮演法，填写《二手车买卖合同》（范例）。

二手车买卖合同（范例）

根据《中华人民共和国民法典》及相关规定，买卖双方在平等、自愿、公平、诚信的基础上，就旧机动车买卖的有关事宜达成协议如下。

第一条　卖方依法出卖具备以下条件的旧机动车（注：批量交易车辆请填写合同附件）

车主姓名：　　车牌号：

厂牌型号：　　车船税缴付至：

初次登记日期：　　行驶里程数：

车辆使用性质：　　（客运、货运、出租、租赁、非营运）　　其他车辆状况：

第二条　车辆成交价格及交验车

车辆成交价格为（不含税费）　　元，车辆过户、转籍过程中发生的税费由　　（卖方负责、买方负责）。

买方应于　　年　　月　　日在　　（地点）同卖方当面验收车辆及审验相关文件，并自验收、审验无误起　　日内向卖方支付车价款。

卖方应在收到车价款后向买方交付车辆及相关文件，并在　　日内协助买方办理完车辆过户、转籍手续（注：双方约定分期付款的，可就付款时间及车辆交付等问题在第六条中约定）。相关文件包括：机动车行驶证、机动车登记证书、车辆购置证明、税讫证明、车辆年检证明、车辆强制险凭证。

第三条　双方权利义务

1. 卖方应保证对出卖车辆享有所有权或处置权，且该车符合相关规定能够依法办理过户、转籍手续。

2. 卖方应保证向买方提供的相关文件真实有效及其对车辆状况的陈述完整、真实，不存在隐瞒或虚假成分。

3. 买方应按约定时间、地点与卖方当面验收车辆及审验相关文件，并按约定支付车价款。

4. 卖方收取车价款后，应开具合法、有效的收款凭证。

5. 车辆交付后办理过户、转籍过程中，因车辆使用发生的问题由　　负责。

第四条　违约责任

1. 第三人对车辆主张权利并有确实证据的，卖方应承担由此给买方造成的一切损失。

2. 买方未按约定支付车价款的，应每日按未交车价款　　% 的标准支付违约金。

3. 卖方未按约定交付车辆及相关文件的，应每日按车价款　　% 的标准支付违约金。

4. 因卖方原因致使车辆在规定时间内不能办理过户、转籍手续的，买方有权要求卖方返还车价款并承担一切损失；因买方原因致使车辆不能在规定期限内办理过户、转籍手续的，卖方有权要求买方

返还车辆并承担一切损失。

第五条　合同争议的解决办法

本合同项下发生的争议，由双方当事人协商或申请调解解决；协商或调解解决不成的，依法向人民法院起诉，或按另行达成的仲裁条款或仲裁协议提起诉讼。

第六条　其他约定事项

本合同一式三份，卖方一份，买方一份，备案部门一份。本合同在双方签字盖章后生效。合同生效后，双方对合同内容的变更或补充应采取书面形式，作为本合同的附件。附件与本合同具有同等的法律效力。

卖方：　　　　买方：
地址：　　　　地址：
电话：　　　　电话：
证照号码：　　　　证照号码：
时间：　　　　时间：

（二）实施 2

根据组内分工，使用角色扮演法，填写《二手车居间合同》（范例）。

二手车居间合同（范例）

合同编号：　　　　签订时间：　　年　　月　　日

委托出让方（简称甲方）：　　　　居间方：
委托受让方（简称乙方）：

第一条　目的

依据国家有关法律、法规和本市有关规定，三方在自愿、平等和协商一致的基础上，就居间方接受甲、乙双方的委托，促成甲、乙双方二手车交易，并完成其他委托的服务事项达成一致，订立本合同。

第二条　当事人及车辆情况

一、甲方基本情况

（1）单位代码：　　　　经办人：　　　　身份证号码：
　　单位地址：　　　　联系电话：
（2）自然人姓名：　　　　身份证号码：
　　现居住地址：　　　　联系电话：

二、乙方基本状况

（1）单位代码：　　　　经办人：　　　　身份证号码：
　　单位地址：　　　　联系电话：
（2）自然人姓名：　　　　身份证号码：
　　现居住地址：　　　　联系电话：

三、车辆基本情况

车牌号：　　　　　　车辆类型：　　　　　　厂牌型号：　　　　　　颜色：

初次登记时间：　　　　登记证书号：　　　　　发动机号：　　　　　　车架号：

行驶里程：　　　　km，允许使用年限至　　年　　月　　日

车辆年检签证有效期至　　年　　月　　日

车辆购置税完税缴纳证号：　　　　　　　/ 免税交纳（有证 / 无证）

车船税纳税缴付截止日期：　　年　　月　　日（证号：　　　　　　　　　）

车辆保险险种：1.　　　　　　2.　　　　　　3.　　　　　　4.

保险有效期截止日期：　　年　　月　　日

车辆配置：

其他情况：

第三条　车辆价款

经协商一致，本车价款定为人民币　　　　元（大写：　　　　　　　　元），上述价款包括车辆、备胎及　　　　　　　　　　　　　　。

第四条　付款及交付、过户

1. 乙方于合同签订（当日 /　　日）内支付价款　　%（人民币　　　元，大写：　　　　元）作为定金支付给甲方；支付方式：　　　　　　（现金 / 指定账户）。

2. 甲方于合同签订（当日 /　　日）内，将本车存放于居间方指定地点　　　　　　　　，居间方和乙方查验认可，出具检查单后，由　　　　　　　　（居间方代为保管或三方约定由甲方继续使用本车）。甲方于合同签订后　　日内将本车有关证件原件及复印件交付给乙方，并协助乙方办理过户手续。

3. 乙方于过户 / 转籍事项完成后（当日 /　　日）内向甲方支付剩余价款（人民币　　　　元，大写：　　　　　　　　　元）；支付方式：　　　　　　（现金 / 指定账户）。

第五条　佣金标准、数额、收取方式和退赔

一、居间方已完成本合同约定的委托人甲方委托的事项，委托人甲方按照下列第　　种方式计算支付佣金

（任选一种）：

1. 按照二手车成交价　　的　　%，具体数额为人民币　　　元作为佣金支付给居间方。

2. 按双方约定，佣金为人民币　　　元，支付给居间方。

二、居间方已完成本合同约定的委托人乙方委托的事项，委托人乙方按照下列第　　种方式计算支付佣金

（任选一种）：

1. 按照二手车成交价　　的　　%，具体数额为人民币　　　元作为佣金支付给居间方。

2. 按双方约定，佣金为人民币　　　元，支付给居间方。

三、居间方未完成本合同委托事项，按照下列约定退还佣金

1. 居间方未完成甲方委托事项，将本合同约定收取佣金的　　%，具体数额为人民币

元退还给委托人甲方，已发生费用由居间方承担。

2. 居间方未完成乙方委托事项，将本合同约定收取佣金的　　　%，具体数额为人民币　　　元退还给委托人乙方，已发生费用由居间方承担。

第六条　甲方的权利和义务

甲方承诺车辆出让时不存在任何权属上的问题和各类未处理完毕的交通违章记录，所提供的证件、证明均真实、有效，无伪造情况，否则致使出让车辆不能过户、转籍的，乙方有权单方解除本合同或终止本合同的履行，甲方应接受退回车辆，全额退回车款，向居间方支付佣金和实际发生的费用，并承担赔偿责任。

本合同有效期内，甲方根据本合同约定将委托出让的车辆存放于指定的地点，除支付停车费，因保管不善造成车辆损毁、灭失的，由责任方承担赔偿责任。

甲方不提供相关文件、证明，或未按本合同第四条第二款的约定将委托出让的车辆存放于指定地点，除非有正当理由或不可抗力，否则乙方有权终止本合同并要求双倍返还定金。

第七条　乙方的权利和义务

本合同签订后，乙方应向居间方支付定金。乙方履行合同后，定金抵作乙方应当支付给居间方的佣金。如乙方违约，乙方无权要求返还定金并应支付实际发生的费用；如居间方违约，应双倍返还定金。

乙方如未按本合同规定时间支付定金，甲方有权单方解除本合同，并要求乙方赔偿相应的经济损失。

乙方如拒绝接受甲方提供的文件、证明，除非有正当理由或不可抗力，否则甲方可单方终止本合同，并不返还定金。

乙方在收取有关文件、证明后　　　日内未办理（过户 / 转籍）手续或由于乙方的过失导致（过户 / 转籍）手续不能办理或不能在合理的期限内完成（双方约定该合理期限为收取文件、证明后　　　日内），除非有正当理由或不可抗力，否则甲方可单方终止本合同，并不返还定金，已发生的费用由乙方承担。

第八条　居间方的权利和义务

居间方应向甲、乙双方出示营业执照等有效证件。

居间方的执业经纪人应向甲、乙双方出示执业经纪证书，并应亲自处理委托事务，未经甲、乙双方同意，不得转委托。

居间方应按照甲、乙双方的要求处理委托事务，报告委托事务处理情况，为甲、乙双方保守商业秘密。居间方应按约定或依规定收取甲、乙双方支付的款项并开具收款凭证。

居间方不得采取胁迫、欺诈、贿赂、恶意串通等手段促成交易。居间方不得伪造、涂改买卖交易文件、证明和凭证。

第九条　合同在履行中的变更及处理

本合同在履行期间，任何一方要求变更合同条款的，应及时书面通知相对方，并征得相对方的同意后，在约定的时限　　　天内，签订补充条款，注明变更事项。未书面通知相对方并征得相对方同意就擅自变更造成的经济损失，由责任方承担。

本合同履行期间，三方因履行本合同而签署的补充协议及其他书面文件，均为本合同不可分割的一部分，具有同等效力。

第十条　违约事项

1. 三方商定，居间方有下列情况之一的，应承担违约责任。

（1）无正当理由解除合同的。

（2）与他人私下串通，损害委托人甲、乙双方利益的。

（3）其他过失影响委托人甲、乙双方交易的。

2. 三方商定，委托人甲、乙双方有下列情况之一的，应承担违约责任。

（1）无正当理由解除合同的。

（2）未能按照合同要求提供必要的文件、证明和配合，造成居间方无法履行合同的。

（3）相互或与他人私下串通，损害居间方利益的。

（4）其他造成居间方无法完成委托事项的行为。

3. 三方商定，发生上述违约行为的，按照合同约定佣金总数的　　　%，计人民币　　　元作为违约金支付给各守约方。违约方给各守约方造成的其他经济损失，由守约方按照法律、法规的有关规定追偿。

第十一条　风险承担

本车在过户、转籍手续完成前由甲方作为所有人承担一切风险；本车在过户、转籍手续完成后由乙方作为所有人承担一切风险。

第十二条　其他规定

本合同未约定的事项，按照《中华人民共和国民法典》以及相关法律、法规的规定执行。

第十三条　发生争议的解决办法

三方在履行本合同过程中发生争议，由三方协商解决；协商不成的，提请二手车交易市场和二手车交易管理协会调解。调解成功的，三方应当履行调解协议；调解不成的按本合同约定的下列第　项进行解决。

1. 向仲裁委员会申请仲裁。

2. 向法院提起诉讼。

第十四条　合同效力和订立数目

本合同内空格部分填写的文字，其效力优于印刷文字的效力。本合同所称的“日”，均指工作日。

本合同经三方当事人签字、盖章后生效；本合同一式四份，由甲方、乙方、居间方、二手车交易市场工商部门各执一份，均具有同等的法律效力。

委托出让方（甲方）：

法定代表人/自然人（签章）：　　　　经办人（签章）：

开户银行：　　　　账户：

居间方（名称）：　　　　营业执照注册号：

法定代表人（签章）：　　　　执业经纪人（签章）：

执业经纪证书（编号）:

开户银行：　　　　　　　　　　　　　　　　账户：

委托受让方（乙方）:

法定代表人 / 自然人（签章）:　　　　　　　　经办人（签章）:

开户银行：　　　　　　　　　　　　　　　　账户：

四、相互展示

各小组轮流展示任务完成结果，学员根据各组完成情况分析存在的问题，并将结果填入表 13-2 中。

表 13-2　展示结果记录

组别	存在的问题

五、课堂小结

任务十四　二手车过户（二）

二手车过户任务工单——二手车过户办理及保险批改							
客户信息	客户姓名		联系电话		评估日期		
车辆基本信息	厂牌		出厂日期		上牌日期		
	型号		VIN 码		车身颜色		
	强制险日期		凭证	□ 号牌　□ 行驶证　□ 登记证书　□ 保险单　□ 其他			
任务信息	选择目标二手车 □ 二手车驾驶舱及行李舱检查 □ 现场检测报告编写 □ 客户沟通与价格评估 □ 备注：		二手车基本检查 □ 二手车底盘检查 □ 二手车价格确定 □		二手车发动机舱检查 □ 现场检测与车辆拍照 □ 二手车过户 □		
车辆外观检查				车辆结构件检查			
凹凸 □ 划痕 □ 石击 □ 油漆 □	前保险杠、发动机舱、左前翼子板、右前翼子板、左前门、右前门、车顶、左后门、右后门、左后翼子板、右后翼子板、行李舱、后保险杠			变形 □ 扭曲 □ 钣金 □ 更换 □	1—左A柱　5—右B柱　9—左前减振器悬挂部位 2—左B柱　6—右C柱　10—右前减振器悬挂部位 3—左C柱　7—左纵梁　11—左后减振器悬挂部位 4—右A柱　8—右纵梁　12—右后减振器悬挂部位		
明确具体工作任务							

续表

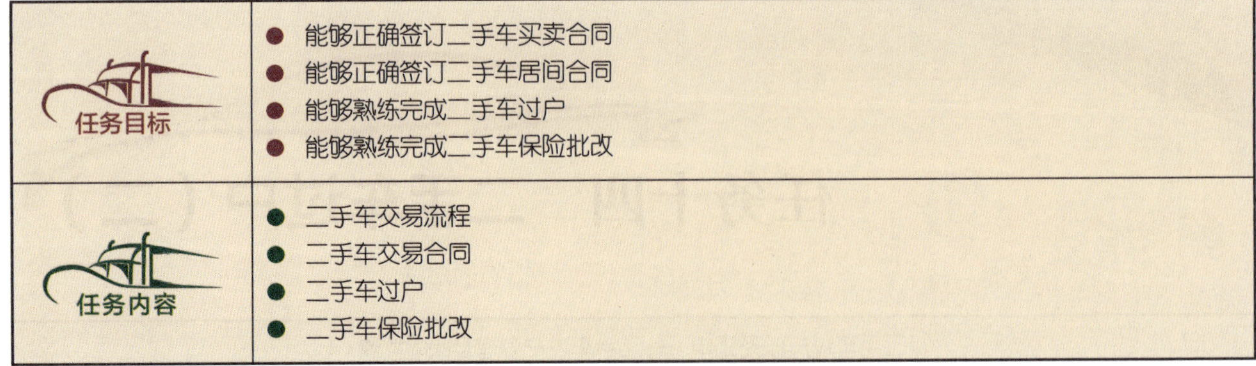

任务目标	● 能够正确签订二手车买卖合同 ● 能够正确签订二手车居间合同 ● 能够熟练完成二手车过户 ● 能够熟练完成二手车保险批改
任务内容	● 二手车交易流程 ● 二手车交易合同 ● 二手车过户 ● 二手车保险批改

一、任务分配

每 5 人一组，每组推荐组长，组长对小组任务进行分配。组员按组长要求完成相关任务，并将自己在小组内的分工及个人任务内容填入表 14-1 中。

表 14-1　任务分配

任务	组长	人员分工	具体任务
二手车过户及保险批改			

二、任务实施

根据组内分工，使用角色扮演法，完成表 14-2 的填写。

表 14-2　二手车过户及保险批改

<table>
<tr><td colspan="5">一、过户前准备</td></tr>
<tr><td>角色</td><td>职责</td><td>准备资料</td><td>工作内容</td><td>备注</td></tr>
<tr><td>卖家</td><td></td><td></td><td></td><td></td></tr>
<tr><td>买家</td><td></td><td></td><td></td><td></td></tr>
<tr><td>二手车中介</td><td></td><td></td><td></td><td></td></tr>
<tr><td colspan="5">二、过户流程</td></tr>
<tr><td>步骤</td><td>角色</td><td>职责</td><td>工作内容</td><td>备注</td></tr>
<tr><td rowspan="3">过户登记</td><td></td><td></td><td></td><td rowspan="3">填写《机动车过户、转出、转入登记申请表》</td></tr>
<tr><td></td><td></td><td></td></tr>
<tr><td></td><td></td><td></td></tr>
</table>

续表

步骤	角色	职责	工作内容	备注
验车				拓号、验车、摘牌
过户				缴纳费用
				审核资料
				领取车辆档案
				号牌和行驶证收回
办理新号牌				上缴车辆档案
				选号
				领取新行驶证和新号牌
三、保险批改				
地点	角色	职责	工作内容	备注

三、相互展示

各小组轮流展示任务完成结果，学员根据各组完成情况分析存在的问题，并将结果填入表 14–3 中。

表 14–3 展示结果记录

组别	存在的问题

四、课堂小结

任务十五　客户沟通与价格评估（一）

客户沟通与价格评估任务工单——重置成本法评估车辆价格						
客户信息	客户姓名		联系电话		评估日期	
车辆基本信息	厂牌		出厂日期		上牌日期	
	型号		VIN 码		车身颜色	
	强制险日期		凭证	□ 号牌　□ 行驶证　□ 登记证书　□ 保险单　□ 其他		
任务信息	选择目标二手车 □ 二手车驾驶舱及行李舱检查 □ 现场检测报告编写 □ 客户沟通与价格评估 □ 备注：		二手车基本检查 □ 二手车底盘检查 □ 二手车价格确定 □		二手车发动机舱检查 □ 现场检测与车辆拍照 □ 二手车过户 □	

车辆外观检查		车辆结构件检查	
凹凸 □	前保险杠、发动机舱、左前翼子板、右前翼子板、左前门、右前门、车顶、左后门、右后门、左后翼子板、右后翼子板、行李舱、后保险杠	变形 □	1—左A柱　5—右B柱　9—左前减振器悬挂部位 2—左B柱　6—右C柱　10—右前减振器悬挂部位 3—左C柱　7—左纵梁　11—左后减振器悬挂部位 4—右A柱　8—右纵梁　12—右后减振器悬挂部位
划痕 □		扭曲 □	
石击 □		钣金 □	
油漆 □		更换 □	
明确具体工作任务			

续表

	● 能够与客户沟通，确认和了解车辆信息并约定验车时间、地点 ● 能够熟练运用重置成本法评估车辆价格 ● 能够熟练运用现行市价法评估车辆价格
	● 二手车检测师的职责 ● 客户沟通内容 ● 二手车评估方法

一、信息链接

（一）二手车检测师的职责

作为一名二手车交易平台的检测师，主要职责是与客户沟通了解车辆信息，初步估算车辆价格，现场检测车辆并拍照，编写车辆检测报告，以及确定车辆最终卖家价格等。

（二）客户沟通内容

二手车交易平台检测师在获取卖家信息后，需第一时间与卖家联系，沟通确认以下事项。

（1）确认车辆基本信息，如车辆品牌、款式、上牌日期及行驶里程等。

（2）确认车辆是否发生过事故（有重大事故的，可以直接拒绝验车）。

（3）了解卖车原因。

（4）告知卖家相近款式车辆近期的成交价格以及对卖家车辆的初步评估价格，并说明评估方法。

（5）与卖家确定验车时间和地点，并提前告知卖家车辆现场检测时需要携带的证件，如机动车行驶证、机动车登记证书、车主身份证、购置税凭证、车辆年检标示、车辆强制险凭证等。

（三）二手车评估方法

二手车评估是指鉴定评估人员以机动车的技术状况鉴定为基础，以资产评估理论为依据，遵循规定的标准和程序，对涉及的二手汽车进行手续检查、技术鉴定和价格估算等评估服务过程。二手车评估方法主要有重置成本法、收益现值法、现行市价法、清算价格法和折旧法。比较常用的是重置成本法和现行市价法。

1. 重置成本法

重置成本法是指用当前条件下购置一辆与被评估车辆相同的新车所需的全部成本减去被评估车辆的各种贬值后的差额作为被评估车辆现时价格的一种方法。

（1）计算公式

$$车辆评估值 = 重置成本 - 实体性贬值 - 功能性贬值 - 经济性贬值$$

或

$$车辆评估值 = 重置成本 \times 成新率$$

（2）名词解释——重置成本

重置成本是指购买一辆全新的与被评估车辆相同的车辆所支付的最低金额。

$$重置成本 = 直接成本 + 间接成本$$

直接成本是指购置全新的同种车型时可以构成车辆成本的支出，它包括车辆购置价格和办理入户

手续时缴纳的车辆购置税、上牌费、保险费等；间接成本是指购置车辆时花费的但不能直接计入购置成本中的支出，如办理车辆贷款发生的利息等。

（3）名词解释——车辆贬值

1）车辆的实体性贬值。实体性贬值也称有形损耗，是指机动车在存放和使用过程中，由于物理和化学原因导致的车辆实体发生的价值损耗，即由于自然力的作用而发生的损耗。

2）车辆的功能性贬值。功能性贬值是由于科学技术的发展导致的车辆贬值，即无形损耗。

3）车辆的经济性贬值。经济性贬值是指由于外部经济环境变化所造成的车辆贬值。外部经济环境包括宏观经济政策、市场需求、通货膨胀、环境保护等。

（4）名词解释——成新率

成新率是指旧机动车的功能或使用价值占全新机动车的功能或使用价值的比率。

$$成新率=1-有形损耗率$$

成新率的估算方法有使用年限法、综合分析法、行驶里程法、部件鉴定法、整车观测法和综合成新率法。

（5）重置成本法计算示例

1）车辆信息

品牌：大众捷达；登记日期：2010 年 11 月；行驶里程：10 万千米；评估日期：2017 年 11 月；该车新车市场价格：7 万元。

2）计算过程（使用年限法）

使用时长 Y：该车已使用 7 年，即使用时长 $Y=7\times 12=84$ 个月。

使用年限 Y_g：轿车无限制，通常按 15 年计算，即 $Y_g=180$ 个月。

重置成本 B：该车新车市场价格 7 万元，即重置成本 $B=70\,000$ 元。

成新率 C：$C=(1-Y/Y_g)\times 100\%=(1-84/180)\times 100\%\approx 53\%$。

评估值 P：$P=B\times C=70\,000\times 53\%=37\,100$ 元。

2. 现行市价法

现行市价法是最直接、最简单的一种二手车价格评估方法。它是通过市场调查选择一个或几个与被评估车辆相同或类似的车辆作为参照物，将其性能、新旧程度、地区差别、交易条件及成交价格等与被评估车辆对照比较，找出两者的差别及差别所反映在价格上的差额，然后得出被评估车辆的价格。

（1）现行市价法评估步骤

1）收集被评估车辆的资料，包括车辆的类别、名称、型号等。了解车辆的用途、当前的使用情况，并对车辆的性能、新旧程度等做技术鉴定，以获得被评估车辆的主要参数，为市场数据资料的搜集及参照物的选择提供依据。

2）按照可比性原则选取参照物，参照物的选择一般应在两个以上。

3）对被评估车辆和参照物之间的差异尽可能详细地进行比较和量化。具体差异包括销售时间差异、车辆性能差异、新旧程度差异、销售数量差异、付款方式差异等。

4）对上述各差异因素量化值进行汇总，给出车辆的评估值。计算公式为：

$$车辆评估值=参照物现行市价-差异量$$

或

车辆评估值 = 参照物现行市价 × 差异调整系数

（2）现行市价法的优点

1）评估所用的参数、指标直接从市场获得，评估值能较为准确地反映市场价格。

2）结果易于被各方理解和接受。

（3）现行市价法的缺点

1）需要公开及活跃的市场作为基础。

2）可比因素多而复杂，即使是同型号车辆、同一天登记，由于驾驶员不同、使用强度不同、维护水平不同，也会“一车一况、一况一价”。

3）要求评估人员经验丰富，熟悉车辆的评估程序、评估方法和市场交易情况。

二、任务分配

每 5 人一组，每组推荐组长，组长对小组任务进行分配。组员按组长要求完成相关任务，并将自己在小组内的分工及个人任务内容填入表 15–1 中。

表 15–1　任务分配

序号	任务	组长	人员分工	具体任务
1	与客户沟通约定现场检测车辆事宜			
2	使用重置成本法评估指定二手车的价格			

三、任务实施

（一）实施 1

根据组内分工，使用角色扮演法，完成与客户的沟通过程，并将相关信息记录在表 15–2 中。

表 15–2　二手车现场检测预约信息

客户信息	客户姓名		联系方式	
	预约时间			
	预约地址			

续表

<table>
<tr><td rowspan="5">车辆情况</td><td>厂牌型号</td><td></td><td>车牌号</td><td></td><td>使用用途</td><td></td></tr>
<tr><td>车架号</td><td colspan="3"></td><td>发动机号</td><td></td></tr>
<tr><td>座位 / 排量</td><td colspan="3"></td><td>燃料种类</td><td></td></tr>
<tr><td>车辆出厂日期</td><td colspan="3"></td><td>车身颜色</td><td></td></tr>
<tr><td>已使用年限</td><td>年　　月</td><td colspan="3">累计行驶里程（万千米）</td><td></td></tr>
<tr><td colspan="7">客户描述卖车原因：</td></tr>
<tr><td colspan="7">提醒客户现场检测时需准备的资料：</td></tr>
<tr><td colspan="7">备注：</td></tr>
</table>

（二）实施 2

根据组内分工，使用重置成本法评估举例车辆的价格，并将评估过程和结果填入表 15–3 中。

一辆私人用帕萨特，2011 年 8 月份购买，购买价格为 218 000 元，车辆初次登记日期是 2011 年 9 月，使用 5 年后于 2016 年 8 月进入二手车交易市场估价交易。经核对相关证件（照）齐全；经现场勘查，车身外观较好，无漆面脱落现象；经试驾，发动机运转平稳，无异响，挡位清晰，制动系统良好。该车里程表显示累计行驶里程为 100 000 km，与实际情况比较吻合。

表 15–3　二手车价格评估记录

<table>
<tr><td colspan="2">车辆信息：</td></tr>
<tr><td colspan="2">车况描述：</td></tr>
<tr><td colspan="2">车辆价格评估计算过程：</td></tr>
<tr><td colspan="2">车辆价格评估结果：</td></tr>
<tr><td>评估人员：</td><td>评估日期：</td></tr>
</table>

四、相互展示

各小组轮流展示任务完成结果，学员根据各组完成情况分析存在的问题，并将结果填入表 15-4 中。

表 15-4 展示结果记录

组别	存在的问题

五、课堂小结

任务十六　客户沟通与价格评估（二）

客户沟通与价格评估任务工单——现行市价法评估车辆价格						
客户信息	客户姓名		联系电话		评估日期	
车辆基本信息	厂牌		出厂日期		上牌日期	
	型号		VIN 码		车身颜色	
	强制险日期		凭证	□ 号牌　□ 行驶证　□ 登记证书　□ 保险单　□ 其他		
任务信息	选择目标二手车 □ 二手车驾驶舱及行李舱检查 □ 现场检测报告编写 □ 客户沟通与价格评估 □ 备注：		二手车基本检查 □ 二手车底盘检查 □ 二手车价格确定 □		二手车发动机舱检查 □ 现场检测与车辆拍照 □ 二手车过户 □	

车辆外观检查		车辆结构件检查	
凹凸 □	前保险杠、左前翼子板、发动机舱、右前翼子板、左前门、右前门、车顶、左后门、右后门、左后翼子板、右后翼子板、行李舱、后保险杠	变形 □	1—左A柱　5—右B柱　9—左前减振器悬挂部位 2—左B柱　6—右C柱　10—右前减振器悬挂部位 3—左C柱　7—左纵梁　11—左后减振器悬挂部位 4—右A柱　8—右纵梁　12—右后减振器悬挂部位
划痕 □		扭曲 □	
石击 □		钣金 □	
油漆 □		更换 □	
明确具体工作任务			

续表

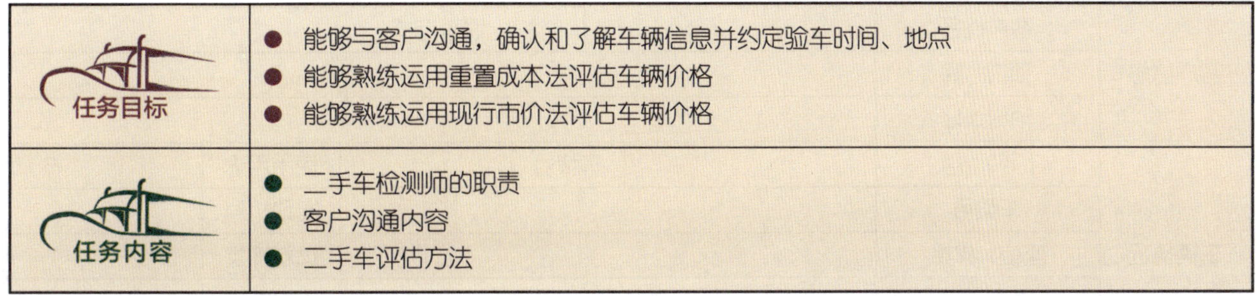

任务目标	● 能够与客户沟通，确认和了解车辆信息并约定验车时间、地点 ● 能够熟练运用重置成本法评估车辆价格 ● 能够熟练运用现行市价法评估车辆价格
任务内容	● 二手车检测师的职责 ● 客户沟通内容 ● 二手车评估方法

一、任务分配

每 5 人一组，每组推荐组长，组长对小组任务进行分配。组员按组长要求完成相关任务，并将自己在小组内的分工及个人任务内容填入表 16–1 中。

表 16–1　任务分配

序号	任务	组长	人员分工	具体任务
1	与客户沟通约定现场检测车辆事宜			
2	使用重置成本法评估指定二手车的价格			
3	使用现行市价法评估实训车辆的价格			

二、任务实施

（一）实施 1

根据组内分工，使用角色扮演法，完成与客户的沟通过程，并将相关信息记录在表 16–2 中。

表 16-2　二手车现场检测预约信息

<table>
<tr><td rowspan="3">客户信息</td><td>客户姓名</td><td colspan="2"></td><td colspan="2">联系方式</td><td></td></tr>
<tr><td>预约时间</td><td colspan="5"></td></tr>
<tr><td>预约地址</td><td colspan="5"></td></tr>
<tr><td rowspan="5">车辆情况</td><td>厂牌型号</td><td></td><td>车牌号</td><td></td><td>使用用途</td><td></td></tr>
<tr><td>车架号</td><td colspan="3"></td><td>发动机号</td><td></td></tr>
<tr><td>座位 / 排量</td><td colspan="3"></td><td>燃料种类</td><td></td></tr>
<tr><td>车辆出厂日期</td><td colspan="3"></td><td>车身颜色</td><td></td></tr>
<tr><td>已使用年限</td><td>年　　月</td><td colspan="3">累计行驶里程（万千米）</td><td></td></tr>
<tr><td colspan="7">客户描述卖车原因：</td></tr>
<tr><td colspan="7">提醒客户现场检测时需准备的资料：</td></tr>
<tr><td colspan="7">备注：</td></tr>
</table>

（二）实施 2

根据组内分工，使用重置成本法评估举例车辆的价格，并将评估过程和结果填入表 16–3 中。

一辆私人用丰田锐志，2008 年 7 月份购买，购买价格为 238 000 元，车辆初次登记日期是 2008 年 7 月，使用约 10 年后于 2018 年 5 月进入二手车交易市场估价交易。经核对相关证件（照）齐全；经现场勘查，车身外观较好，无漆面脱落现象；经试驾，发动机运转平稳，无异响，挡位清晰，制动系统良好。该车里程表显示累计行驶里程为 150 000 km，与实际情况比较吻合。

表 16-3　二手车价格评估记录

<table>
<tr><td colspan="2">车辆信息：</td></tr>
<tr><td colspan="2">车况描述：</td></tr>
<tr><td colspan="2">车辆价格评估计算过程：</td></tr>
<tr><td colspan="2">车辆价格评估结果：</td></tr>
<tr><td>评估人员：</td><td>评估日期：</td></tr>
</table>

（三）实施 3

根据组内分工，使用现行市价法评估实训车辆的价格，并将评估过程和结果填入表 16–4 中。

表 16–4　二手车价格评估记录

<table>
<tr><td rowspan="2">核对凭证</td><td>证件</td><td colspan="5">□ 原始发票　□ 登记证书　□ 行驶证　□ 法人代码或身份证　□ 其他</td></tr>
<tr><td>税费</td><td colspan="5">□ 购置税　□ 车船税　□ 保险费　□ 其他</td></tr>
<tr><td rowspan="5">检查车辆情况</td><td>厂牌型号</td><td></td><td>车牌号</td><td></td><td>使用用途</td><td></td></tr>
<tr><td>车架号</td><td colspan="3"></td><td>发动机号</td><td></td></tr>
<tr><td>座位 / 排量</td><td colspan="3"></td><td>燃料种类</td><td></td></tr>
<tr><td>车辆出厂日期</td><td colspan="3"></td><td>车身颜色</td><td></td></tr>
<tr><td>已使用年限</td><td>年　月</td><td colspan="3">累计行驶里程（万千米）</td><td></td></tr>
<tr><td colspan="7">参考车型</td></tr>
<tr><td colspan="2">车型年款信息</td><td colspan="2">车辆配置对比情况</td><td colspan="2">车况对比情况</td><td>参考价格</td></tr>
<tr><td colspan="2"></td><td colspan="2"></td><td colspan="2"></td><td></td></tr>
<tr><td colspan="2"></td><td colspan="2"></td><td colspan="2"></td><td></td></tr>
<tr><td colspan="2"></td><td colspan="2"></td><td colspan="2"></td><td></td></tr>
<tr><td colspan="2"></td><td colspan="2"></td><td colspan="2"></td><td></td></tr>
<tr><td colspan="7">综上，按照现行市价法评估出的车辆价格是（基于车辆无任何缺陷问题）：</td></tr>
</table>

三、相互展示

各小组轮流展示任务完成结果，学员根据各组完成情况分析存在的问题，并将结果填入表 16–5 中。

表 16–5　展示结果记录

组别	存在的问题

四、课堂小结